ADOLPHE JOANNE

GÉOGRAPHIE

DE

LA MAYENNE

12 gravures et une carte

HACHETTE ET Cie

GÉOGRAPHIE

DU DÉPARTEMENT

DE

LA MAYENNE

AVEC UNE CARTE COLORIÉE ET 12 GRAVURES

PAR

ADOLPHE JOANNE

AUTEUR DU DICTIONNAIRE GÉOGRAPHIQUE ET DE L'ITINÉRAIRE GÉNÉRAL DE LA FRANCE

PARIS

LIBRAIRIE HACHETTE ET Cie

79, BOULEVARD SAINT-GERMAIN, 79

1881

TABLE DES MATIÈRES

DÉPARTEMENT DE LA MAYENNE.

LISTE DES GRAVURES

2382. — Imprimerie A. Lahure, rue de Fleurus, 9, à Paris.

DÉPARTEMENT

DE

LA MAYENNE

I. — Nom, formation, situation, limites, superficie.

Le département de la Mayenne doit son *nom* à la rivière qui le traverse du nord au sud, et qui le partage en deux parties à peu près égales.

Il a été *formé*, en 1790, de divers pays appartenant au **Bas-Maine** et à l'**Anjou** : environ 414,000 hectares ont été empruntés à la première de ces deux provinces, et 103,000 à la seconde.

Il est *situé* dans la région nord-ouest de la France, entre 47° 45′ 10″ et 48° 34′ 30″ de latitude, et entre 2° 22′ et 3° 34′ de longitude occidentale. Son chef-lieu, Laval, est à 301 kilomètres à l'ouest-sud-ouest de Paris par le chemin de fer, à 240 seulement à vol d'oiseau. Un seul département, Ille-et-Vilaine, sépare, au nord-ouest, la Mayenne de la Manche ; deux, Ille-et-Vilaine et le Morbihan, ou un seul, la Loire-Inférieure, la séparent, au sud-ouest, de l'Océan. Le chemin de fer de Laval à Paris passe par quatre départements : Sarthe, Orne, Eure-et-Loir et Seine-et-Oise.

La Mayenne est *bornée :* au nord, par la Manche et l'Orne ; à l'ouest, par Ille-et-Vilaine (par la Loire-Inférieure, à l'angle sud-ouest) ; au sud, par Maine-et-Loire ; à l'est, par la Sarthe.

La *superficie* de la Mayenne est de 517,063 hectares. Sous ce rapport, c'est le 72e département français. Sa forme, assez régulière, est celle d'un quadrilatère allongé dans le sens du nord au sud. Sa plus grande *largeur*, de l'ouest à l'est, de Saint-Ellier au bourg de Ravigny, est de 62 kilomètres; sa plus grande *longueur*, du nord au sud, d'Orgères à Daon, de 82 kilomètres. Les trois arrondissements de Mayenne, de Laval et de Château-Gontier sont superposés, du nord au sud, dans un ordre à peu près régulier.

II. — Physionomie générale.

Géologiquement le département de la Mayenne appartient à la Bretagne; comme celles de cette région, la plupart de ses roches, granits, porphyres, schistes, grès paléozoïques, sont d'origine ancienne; les granits bleus et les porphyres des Coévrons sont surtout remarquables.

Le système orographique du département est constitué par les **collines du Maine**. C'est moins une chaîne de collines qu'un ensemble de chaînons peu élevés rayonnant dans tous les sens. Sauf dans quelques massifs, l'altitude moyenne de ces collines ne dépasse guère 80 à 100 mètres. Les vallées qu'elles forment, peu profondes et peu accidentées, sont parcourues par de petits ruisseaux, qui y entretiennent partout une admirable végétation. Les plaines, entrecoupées de prairies et de cultures variées, sont parsemées de petites fermes connues dans le pays sous le nom de *closeries;* ce nom leur vient de l'habitude qu'ont les paysans du Maine d'entourer leurs propriétés de clôtures vives et de haies d'arbres. Vue de loin, la Mayenne offre l'aspect d'une immense forêt entremêlée de clairières. En certains points, les arbres, plus resserrés, forment des massifs assez compactes. Enfin les forêts de Lourze, de Pail, de Craon, de Valles, de Mayenne, de Monaye, de la Charnie, de Concise, de Bourgon, une petite partie de celle de Sillé, et de nombreux étangs, parmi lesquels on peut citer ceux de Juvigné et d'Aron, varient la monotonie générale des paysages.

Vers le sud, dans l'arrondissement de Château-Gontier, les

Rochers et château moderne de Sainte-Suzanne.

collines constituent une série de plateaux qui s'abaissent jusqu'à la plaine par des pentes douces. A mesure qu'on remonte vers le nord, le sol se relève et les collines, se redressant, présentent quelques escarpements pittoresques. Au nord-ouest de l'arrondissement de Laval, les hauteurs qui dominent la rive gauche de la Vilaine, sur les confins de la Mayenne et d'Ille-et-Vilaine, atteignent une altitude de 238 mètres, à l'ouest d'Ernée et au-dessus de la Pellerine. Ces collines séparent l'Ernée, qui coule vers le sud-est, du Couesnon (nord-ouest), de la Vilaine (sud-ouest) et de la Calanche (sud-ouest). A l'est d'Ernée, les collines de Chailland, sur lesquelles s'étend la belle forêt de Mayenne, forment une chaîne régulière dont l'altitude s'élève, du sud au nord, de 160 mètres à 215 mètres. A l'est de l'arrondissement de Laval et au sud-est de Sainte-Suzanne, petite ville remarquable par ses rochers et par sa situation pittoresque, la forêt de la Charnie, sur les confins de la Sarthe, est à 288 mètres. Au nord d'Évron, s'étend une chaîne régulière, la *chaîne des Coëvrons*, qui, orientée de l'est à l'ouest, sépare les arrondissements de Laval et de Mayenne. Son point culminant, entre Évron et Bais, atteint 352 mètres; c'est de cette chaîne que Paris tire, en partie, le porphyre de ses pavés.

Au nord de cette chaîne, le *mont du Saule*, dans la commune d'Hardanges, a 327 mètres; plus à l'est, le *Signal de Villepail*, dans la vaste forêt de Pail, au nord de Villaines, s'élève à 356 mètres. A l'angle nord-est du département, près des frontières de l'Orne et de la Sarthe, le beau massif sur lequel s'étage la forêt de Multonne, et qui donne naissance à la Mayenne, atteint 385 mètres au *mont Souprat*, et 417 mètres au **mont des Avaloirs**, qui est, avec le sommet voisin de la forêt d'Écouves (Orne), le point culminant de tout le nord-ouest de la France. Il faut faire, vers le sud-est, plus de 250 kilomètres à vol d'oiseau pour trouver une cime aussi élevée.

Au nord-ouest du département, dans les cantons de Gorron et de Landivy, l'altitude moyenne des collines ne dépasse guère 200 mètres; cette moyenne est plus élevée dans le nord-est du département, sur les frontières de l'Orne. La forêt de Monaye, à la limite nord-ouest de la Mayenne, couvre un sommet qui atteint 269 mètres.

III. — Cours d'eau.

Presque toutes les eaux du département de la Mayenne se dirigent vers l'Océan, par la Loire ou par la Vilaine; une faible partie seulement se jette dans la Manche par la Célune. Le bassin de la Loire est, sans comparaison, le plus vaste des trois.

Bassin de la Loire. — La **Loire**, dont le cours dépasse 1,000 kilomètres, dans un bassin de 11,650,000 hectares, naît à moins de 150 kilomètres, à vol d'oiseau, au nord de la Méditerranée, dans le département de l'Ardèche, au Gerbier-de-Jones, cône phonolithique haut de 1,562 mètres. Elle coule d'abord au nord, puis vers le nord-ouest, comme pour gagner la Manche; mais ensuite elle prend la direction de l'ouest et va se jeter dans l'Atlantique, à Saint-Nazaire, à 53 kilomètres en aval de Nantes. Elle longe ou traverse douze départements : l'Ardèche, la Haute-Loire, la Loire, Saône-et-Loire, l'Allier, la Nièvre, le Cher, le Loiret, Loir-et-Cher, Indre-et-Loire, Maine-et-Loire, la Loire-Inférieure, et baigne Roanne, Nevers, Orléans, Blois, Tours, Saumur, Nantes (elle passe aussi à peu de distance du Puy-en-Velay et des deux grandes villes de Saint-Étienne et d'Angers). Ce fleuve, qui a pour principaux affluents l'Allier, le Cher, l'Indre, la Vienne et la Maine, est redoutable par des crues terribles, pendant lesquelles il roule 10,000, 12,000 et même 15,000 mètres cubes d'eau par seconde; mais en été, ses eaux, très basses, ne coulent plus que sur la plus petite partie de son large lit de sable, rétréci cependant par l'établissement de digues; en temps d'*étiage*, quand il n'a pas plu depuis longtemps, il ne débite guère que 30 à 40 mètres cubes par seconde entre Orléans et Tours, et 60 à 75 au-dessous du confluent de la Vienne. En aval du confluent de la Maine, le minimum est de 127 mètres cubes. La Loire recueille les eaux du département par la Mayenne et la Sarthe qui se réunissent pour tomber ensemble dans le fleuve sous le nom de Maine.

La **Mayenne**, qui baigne les trois chefs-lieux d'arrondissement, reçoit la plus grande partie des eaux qui coulent dans le département. Elle prend sa source à la fontaine du Maine, dans la commune de la Lacelle (Orne), au nord des escarpements qui portent la belle forêt de Multonne. Elle arrose la Lacelle, entre immédiatement après dans le département auquel elle donne son nom, et contourne le massif des collines de Pré-en-Pail. Elle laisse à gauche Pré-en-Pail, reçoit ensuite, à droite, un petit affluent, passe à Couptrain, se grossit de l'Aisne, et, au delà de ce confluent, forme la limite entre le département de la Mayenne et celui de l'Orne. Elle coule alors de l'est à l'ouest, se grossit de la *Gourbe* à Méhoudin, de la *Vée* au-dessous de Couterne, laisse à droite Haleine, Geneslay, Sept-Forges, toutes localités de l'Orne, puis entre définitivement dans la Mayenne qu'elle traverse presque en droite ligne du nord au sud, et qu'elle divise, de l'est à l'ouest, en deux moitiés, à peu près symétriques. A Saint-Loup-du-Gast, elle reçoit, à droite, deux forts affluents, la Varenne et la Colmont. La vallée de la Mayenne s'élargit alors considérablement; sa rivière arrose le territoire de Saint-Fraimbault-de-Prières, traverse Mayenne où elle coule entre les deux coteaux sur lesquels s'étagent les maisons de la ville; bordée de chaque côté par de larges quais, elle passe sous deux ponts, et fait fonctionner des filatures de coton, des moulins et d'autres usines répandues dans les faubourgs de la ville.

Au delà de Mayenne, la vallée devient plus riante et incline vers l'ouest. La rivière passe à Moulay et reçoit, un peu plus bas, à gauche, l'Aron. A Contest (rive droite), elle se grossit d'un petit affluent qui descend de Châtillon-sur-Colmont; en aval, du même côté, elle reçoit l'*Anxure*, qui passe à Saint-Germain-d'Anxure. A Saint-Jean-sur-Mayenne (rive

Mayenne.

droite), la Mayenne se grossit d'un fort affluent, l'Ernée, puis elle décrit de nombreux détours avant d'atteindre Laval. Elle divise le chef-lieu du département en deux quartiers d'aspect bien différent, reliés entre eux par un beau pont en pierres de taille, le Pont-Neuf. Sur un coteau escarpé de la rive droite, la vieille cité féodale se développe en amphithéâtre avec le donjon, l'antique château de ses comtes, le palais de justice et des maisons irrégulières, couvertes d'ardoises, aux pignons aigus, entremêlées de jardins, de terrasses et de bouquets d'arbres. Sur la rive gauche, la ville plus récente aligne ses maisons neuves. La Mayenne passe sous le viaduc du chemin de fer de Paris à Rennes, long de 180 mètres et haut de 28, puis sous le Pont-Neuf, et sous le vieux pont gothique qui seul faisait autrefois communiquer la vieille ville avec les faubourgs de la rive gauche, et enfin sous le beau pont d'Avenières ; entre ces ponts, la rivière, large de 75 mètres, a été rendue navigable au moyen de deux beaux barrages semi-circulaires, hauts de $1^{m},70$; et, du viaduc au pont d'Avenières, elle coule entre de beaux quais récemments construits. Au sortir de Laval, la Mayenne, grossie du *Quartier* (rive gauche), coule entre des quais de granit, puis elle alimente de ses eaux un grand nombre d'usines, telles que filatures de coton, minoteries, tanneries, teintureries et scieries de marbre.

Au delà de Laval, les collines qui forment la vallée de la Mayenne s'abaissent sensiblement ; la rivière décrit de nombreux lacets et reçoit la Jouanne (rive gauche), le Vicoin (rive droite) et l'Ouette (rive gauche). Les cultures, les fermes et les villages s'étagent sur les hauteurs des deux rives jusqu'à Château-Gontier. Cette ville est bâtie en grande partie sur une hauteur, au-dessus de la rive droite de la Mayenne, que l'on traverse sur un pont de pierre de trois arches.

La Mayenne passe sous un viaduc de trois arches appartenant au chemin de fer de Sablé à Châteaubriant ; elle arrose ensuite, à gauche Azé, à droite Ménil, à gauche Daon. Elle quitte alors le territoire du département auquel elle donne son nom,

Bords de la Mayenne (rive droite), près de Laval.

et entre dans celui de Maine-et-Loire, où elle ne baigne que des localités sans importance. Elle reçoit le fort affluent de l'Oudon, au-dessous du Lion-d'Angers. Au delà de Cantenay, elle reçoit la Sarthe grossie du Loir, et forme une île assez large. Elle prend alors le nom de Maine, passe à Angers, à Bouchemaine et tombe dans la Loire à la Pointe. La longueur de son cours est de 204 kilomètres. Elle est navigable de Laval à la Loire (98 kilomètres 947 mètres), et a été canalisée de Laval à Mayenne (35 kilomètres 222 mètres). Son cours est barré par quarante-huit écluses, dont vingt-six au-dessous et vingt-deux au-dessus de Laval. Elle porte des bateaux dont la charge atteint parfois 130 tonnes, et qui transportent surtout des matériaux de construction (pierres et bois), de l'anthracite provenant des mines de l'Huisserie, des grains, des fruits et des légumes. Des bateaux à vapeur sillonnent son cours entre Château-Gontier et Angers.

Les principaux affluents de la Mayenne sont : l'Aisne, la Varenne, la Colmont, l'Aron, l'Ernée, la Jouanne, le Vicoin, l'Ouette et l'Oudon.

L'*Aisne*, affluent de gauche, est formée, en amont de Javron, par plusieurs affluents qui prennent leur source dans des directions opposées. Elle passe au Ribay, à Javron, aux Chapelles, et se jette dans la Mayenne en aval de Couptrain.

La *Varenne* prend sa source à Serres-la-Verrerie, canton de Messei (Orne). Elle coule dans une profonde et pittoresque vallée granitique et schisteuse, laisse à droite Messei, baigne Domfront et Torchamp, où elle reçoit, à droite, un fort affluent, l'*Égrenne*. Elle entre ensuite dans la Mayenne, où elle arrose Soucé et Ambrières, et se jette dans la Mayenne (rive droite) à quelques kilomètres au delà de cette localité. Cours, 66 kilomètres.

La *Colmont* prend sa source sur le territoire de Fougerolles, à l'extrémité nord-ouest du département; sa direction est constamment du nord-ouest au sud-est. Depuis sa source jusqu'au hameau de la Tavernière, cette rivière sert de limite entre la Mayenne et la Manche; depuis la Tavernière jusqu'à

Saint-Aubin, elle sépare la Mayenne de l'Orne. Un peu avant d'atteindre Saint-Aubin, elle reçoit, sur la rive droite, la petite rivière de l'*Ourde*. Elle entre ensuite définitivement dans le département, laisse à gauche Lesbois, traverse Gorron, et, grossie d'un grand nombre de petits ruisseaux, va se jeter dans la Mayenne (rive droite) au hameau de Mons, à 1,500 mètres en aval du confluent de la Varenne. Cours, 50 kil.

L'*Aron* descend de collines qui s'élèvent, au sud de Bais, à 332 mètres ; il passe à Bais, à Aron, reçoit le déversoir de l'étang de *Beaucoudray*, et se jette dans la Mayenne (rive droite) en aval de Moulay. Cours, 36 kilomètres.

L'*Ernée* a son origine entre Levaré et Saint-Berthevin-la-Tannière, dans le canton de Gorron, à une hauteur de 225 mètres. Après s'être grossie de plusieurs affluents, elle arrose Ernée, contourne les collines qui portent la forêt de Mayenne, passe à Chailland, à Andouillé, laisse à droite Saint-Germain-le-Fouilloux, et se jette dans la Mayenne (rive droite) à Saint-Jean, à 7 kil. en amont de Laval. Cours, 50 kil.

La *Jouanne* est formée par plusieurs ruisseaux dans les collines escarpées qui se dressent au sud de Bais ; un de ces ruisseaux arrose le territoire d'Évron. La Jouanne passe à Neau, et, grossie de la *rivière des Deux-Évailles*, baigne Montsurs, Argentré, Forcé, et va se jeter dans la Mayenne (rive gauche) au-dessous d'Entrammes. Cours, 49 kilomètres.

Le *Vicoin* prend sa source au nord du territoire du Bourgneuf, sur la limite des cantons de Chailland et de Loiron ; il traverse quelques petits étangs, passe plusieurs fois sous le chemin de fer de Paris à Rennes, arrose le Genest, Saint-Berthevin-lès-Laval, longe la forêt de Concise, passe à Montigné, à Nuillé-sur-Vicoin, et se jette dans la Mayenne (rive droite). Cours, 44 kilomètres.

L'*Ouette*, qui coule à peu de distance et dans une direction parallèle à celle de la rivière précédente, a son origine dans un petit étang, au-dessus de la Chapelle-Rainsouin, au pied d'un des sommets de la chaîne des Coévrons. Elle passe à Nuillé-sur-Ouette, à Parné, et se jette dans la Mayenne (rive gauche) presque en face du confluent de cette rivière avec le Vicoin. Cours, 30 kilomètres.

L'*Oudon* est l'affluent le plus important de la rive droite; dans les fortes crues, il ne roule pas moins de 396 mètres cubes d'eau par seconde. Il prend sa source dans un petit étang, à la Gravelle, canton de Loiron, par 192 mètres d'altitude. Il forme ensuite le vaste étang de la Guéhardière, baigne Méral, laisse à gauche Cossé-le-Vivien et décrit de nombreux lacets. Il reçoit, à droite le *Mée* qui passe à Livré, traverse Craon et reçoit à droite l'*Uzure*, qui baigne la forêt de Craon et passe à Niafles. Plus bas, il se grossit, à gauche, du petit affluent de l'*Hière*, et, un peu plus bas, à droite, de la *Roë*, rivière qui prend sa source dans la forêt de la Guerche et arrose Saint-Aignan-sur-Roë. L'Oudon entre dans Maine-et-Loire, un peu en amont de son confluent avec la Roë. Là, il reçoit plusieurs petits affluents, arrose Segré et le Lion-d'Angers, et se jette dans la Mayenne à 3 kilomètres en aval de cette localité, au fort de Grez, par 15 mètres d'altitude. La longueur de son cours est de 82 kilomètres; il est navigable depuis Segré jusqu'à la Mayenne (18,800 mètres); il transporte surtout des bois de construction, du granit et de l'ardoise.

La **Sarthe** (elle ne touche pas le département de la Mayenne) prend sa source à l'est de Moulins-la-Marche (Orne), dans une chaîne de collines de 308 mètres d'altitude. Elle reçoit, à droite, le Merdereau, la Vandelle et l'Orthe, rivières dont le cours supérieur appartient au département de la Mayenne; elle baigne Alençon, pénètre dans le département de la Sarthe, au confluent du Sarthon; y arrose Fresnay, Beaumont, le Mans, Malicorne et Sablé; près de cette ville, elle reçoit, sur la droite, les rivières de l'Erve et de la Vaige, descendues du département de la Mayenne. Elle entre ensuite dans le département de Maine-et-Loire, où elle passe près de Châteauneuf et de Tiercé. Elle arrose Briollay, au delà duquel elle reçoit (rive gauche) un fort affluent, le Loir. A 3 kilomètres en amont d'Angers, elle se réunit à la Mayenne avec laquelle elle forme la Maine, qui passe à Angers et tombe dans la Loire à la Pointe. Le cours de la Sarthe est de 276 kilomètres ; elle est navigable du Mans à la Mayenne, et, dans le département de la Sarthe, sur une longueur de 85 kil.

Les rivières du département de la Mayenne qui se jettent dans la Sarthe (rive droite) sont : le Sarthon, le Merdereau, la Vandelle, l'Orthe, l'Erve et la Vaige.

Le *Sarthon*, qui sépare au nord-est le département de l'Orne de celui de la Mayenne, descend des hauteurs de la forêt d'Écouves (Orne) et débouche dans la Sarthe à Saint-Céneri-le-Géré (Orne).

Le *Merdereau* prend sa source au nord de Champgeneteux, passe à Averton, déjà grossi par de nombreux petits affluents, longe au sud-est la forêt de Pail, et entre dans le département de la Sarthe, où il baigne Saint-Paul-le-Gauthier ; il tombe dans la Sarthe à 3 kilomètres plus loin. La longueur de son cours est de 32 kilomètres, dont 24 dans le département de la Mayenne.

La *Vandelle* naît sur le versant nord de la chaîne des Coévrons, dans le canton de Bais. Elle laisse à gauche Trans, Saint-Thomas-de-Courceriers, et passe à Saint-Mars-du-Désert. A 1 kilomètre au delà, elle entre dans le département de la Sarthe, passe au sud de Saint-Georges-le-Gautier, et se jette dans la Sarthe à 600 mètres plus bas que le Merdereau. Cours, 32 kilomètres, dont 26 dans le département.

L'*Orthe* prend sa source dans les hautes collines (352 mètres) du canton de Bais ; elle laisse à droite Saint-Pierre-sur-Orthe, et entre dans le département de la Sarthe à la Grande-Forge. Elle passe au nord de Mont-Saint-Jean, reçoit, à droite, le ruisseau de Defais, sorti des étangs de la forêt de Sillé-le-Guillaume, et arrose Douillet, à 2 kilomètres en amont de son confluent avec la Sarthe. Cours, 35 kilomètres, dont 21 dans le département.

L'*Erve* a sa source sur le versant sud de la chaîne des Coévrons, dans la forêt de Sillé, au-dessus de Vimarcé. Elle arrose Vimarcé, Saint-Georges-sur-Erve, Assé-le-Bérenger, Sainte-Suzanne, Saint-Jean-sur-Erve, Saint-Pierre-sur-Erve,

Saulges et Ballée. Elle entre dans le département de la Sarthe, où elle reçoit, à gauche, le Treulon, puis se perd dans la Sarthe à Sablé. Cours, 58 kilomètres, dont 42 dans le département. — Le *Treulon*, affluent important de l'Erve, naît dans la forêt de la Charnie, sépare la Sarthe de la Mayenne sur un parcours d'un kilomètre, entre dans le département de la Sarthe, lui sert de limite sur un parcours de 5 kilomètres, passe dans la Mayenne, entre de nouveau dans la Sarthe, et se jette dans l'Erve à Auvers-le-Hamon. Cours, 30 kilomètres.

La *Vaige* prend sa source près de Saint-Léger, canton de Sainte-Suzanne. Elle arrose Vaiges, la Bazouge-de-Chéméré, où elle forme un étang, la Cropte, Beaumont-Pied-de-Bœuf, sert, sur un parcours de plusieurs kilomètres, de limite entre les départements de la Mayenne et de la Sarthe; entre définitivement dans ce dernier département, et se jette dans la Sarthe à Sablé, non loin du confluent de cette rivière avec l'Erve. Cours, 40 kil., dont 35 environ dans le département.

BASSINS SECONDAIRES. — La **Vilaine** prend sa source dans le département de la Mayenne, à 153 mètres d'altitude, dans les collines de Juvigné, canton de Chailland. Ce n'est d'abord qu'un ruisseau sans importance, formé par les eaux de l'Étang-Neuf; elle passe, à droite, au-dessous de Juvigné, et de la Croixille, puis reçoit, du même côté, un petit affluent qui, sur un parcours de plusieurs kilomètres, sert de limite entre la Mayenne et Ille-et-Vilaine. Elle entre dans ce dernier département au-dessous de Bourgon; traverse Vitré, Rennes, passe dans le Morbihan en aval de Redon, et va se jeter dans l'Océan à 16 kilomètres au-dessous de la Roche-Bernard. Son cours est de 220 kilomètres, dont 15 dans le département.

La **Célune** ou *Sélune* ne passe pas dans le département; elle en reçoit seulement le *Déron*, petite rivière qui prend sa source près de Montaudin (Mayenne), à 221 mètres d'altitude, sous le nom de *Futaie*. La Futaie reçoit ensuite à gauche un petit affluent, la *Bignette*, avec laquelle elle forme le Déron. Cette rivière arrose une partie du canton de Landivy, et sert, sur un parcours de quelques kilomètres, de limite entre la Mayenne et Ille-et-Vilaine; elle entre ensuite dans le département de la Manche, et se perd dans la Célune à Saint-Hilaire-du-Harcouet, après un cours de 38 kilomètres. La Célune traverse la Manche, du sud-est au sud-ouest, et va se jeter dans la baie du Mont-Saint-Michel. Cours, 60 kilomètres.

Le département de la Mayenne possède en outre un certain nombre d'**étangs**, généralement peu étendus. Nous citerons : dans l'arrondissement de Mayenne, l'*étang de Beaucoudray*, près d'Aron, et l'*étang de Neuvillette*, près de Jublains; — dans l'arrondissement de Laval, l'*Étang-Neuf*, près de Juvigné, les petits *étangs du Port-Brillet* et *de la Chaîne*, près de Bourgneuf; les *étangs du Gué-de-Selle*, près de Mézangers, et *de Moncor*, près de Sainte-Suzanne; — dans l'arrondissement de Château-Gontier, les *étangs de la Rincerie.*

IV. — Climat.

Le département de la Mayenne appartient à la *région séquanienne*, c'est-à-dire que son climat est analogue à celui du bassin de la Seine. Il est généralement sain, excepté près des étangs. Le grand nombre de ses collines, l'étendue de ses forêts, la multiplicité de ses étangs et de ses rivières, qui y entretiennent l'atmosphère constamment humide, le rendent plus froid que les départements qui le limitent. D'après un ensemble d'observations thermométriques, la moyenne de la température en hiver est de 3° 95; celle de l'été est de 17° 6. La moyenne des jours de pluie est de 140 par an; la hauteur des pluies est de 80 centimètres environ, soit 3 centimètres de plus que la moyenne de la France.

V. — Curiosités naturelles.

Le département de la Mayenne n'ayant que des collines peu élevées et des vallées peu profondes, ne possède qu'un petit nombre de curiosités naturelles. On n'y voit ni gouffres, ni hautes cascades, mais seulement quelques grottes naturelles telles que celles de la *cave à Margot*, de la *cave à la Bigotte*, du *Four*, *de la Chèvre*, etc., situées dans la vallée de l'Erve, à Saulges, et riches en objets appartenant à l'époque préhistorique. Enfin, les parties nord et nord-est offrent quelques gracieux paysages, et l'on rencontre, surtout dans la vallée de la Mayenne, généralement plus étroite et plus profonde que les autres, des sites accidentés et pittoresques.

VI. — Histoire.

Au temps de la conquête romaine, le territoire du département actuel de la Mayenne était occupé par la tribu des *Diablintes*, appartenant à la grande nation des *Aulerces* (*Aulerci*). Deux autres tribus de la même nation, les *Cenomani* et les *Eburovices*, occupaient, les premiers le Maine oriental, les seconds le pays d'Évreux. Les Aulerces Diablintes avaient pour capitale *Noviodunum* (Jublains). Les *Andes* ou *Andegavi* occupaient, au sud, une partie de l'arrondissement de Château-Gontier.

Le territoire des Diablintes fut soumis aux Romains à la suite de la deuxième campagne de Jules César. Tandis que ce général subjuguait la Belgique, son lieutenant, le jeune Publius Crassus, à la tête d'une seule légion, soumettait tout le pays compris, à l'ouest de la Gaule, entre l'embouchure de la Seine et celle de la Loire (57 avant J.-C.). A son retour de la Belgique, César plaça ses légions en quartier d'hiver dans le pays chartrain, l'Anjou, la Touraine et une partie du Maine.

La soumission des Aulerces et des nations voisines ne fut qu'apparente. En effet, profitant de l'absence de César, ils se joignirent aux Andes, qui, sous la conduite de leur brave chef Dumnacus, attaquèrent les Pictaves, restés fidèles aux Romains. Mais bientôt, inquiétés par les généraux romains Caninius et Fabius, ils évacuaient Poitiers et battaient en retraite vers la Loire, non loin de laquelle, après une héroïque résistance, ils étaient entièrement défaits par les légions romaines (52 ans avant Jésus-Christ). La même année, le héros de l'indépendance gauloise, Vercingétorix, vaincu à Alésia, remettait son épée à César. La Gaule devenait ainsi définitivement romaine.

Une grande voie fut construite pour relier Jublains au Mans; les conquérants, comprenant l'importance stratégique du Mans, y avaient établi une station des plus fortes, d'où ils pouvaient, en peu de temps, se porter sur le centre ou vers l'ouest de la Gaule.

L'an 28 avant Jésus-Christ, au moment de la réorganisation des Gaules par Auguste, les Aulerces furent incorporés à la province dite Gaule Celtique; plus tard, lorsque les trois grandes régions des Gaules furent à leur tour subdivisées, ils firent partie de la troisième Lyonnaise. La domination étrangère, très dure dans les premiers temps, s'adoucit dans la suite; des monuments furent construits, des routes tracées, et l'on trouve encore dans le département de nombreuses traces de la civilisation romaine.

Le christianisme se répandit dans la Mayenne dès le troisième siècle, par les prédications de saint Julien et de ses successeurs, les évêques du Mans.

Vers la fin de l'empire romain, les populations de la Mayenne ne se réunirent pas à la république Armoricaine et conservèrent leur indépendance jusque dans la seconde moitié du cinquième siècle, époque à laquelle elles furent soumises par un chef franc, du nom de Regnomer, parent de Clovis. Le roi des Francs ne tarda pas à faire massacrer Regnomer avec ses autres parents et alliés, parmi lesquels il craignait de trouver des rivaux.

Au moyen âge, l'histoire de la Mayenne se confond d'une manière générale soit avec celle du Maine, dans lequel son territoire fut englobé en grande partie, soit avec celle de l'Anjou, auquel se rattachaient les villes de Craon et de Château-Gontier. Sous les descendants de Charlemagne, le pays fut ravagé par les incursions incessantes des Normands, qui saccageaient les villes, pillaient les campagnes, et ne se retiraient que chargés de butin.

Laval, désigné dans les chartes latines sous le nom de *Vallum Guidonis* (en français Laval-Guyon), a une origine assez incertaine; on croit cependant que son château fut un de ceux que les seigneurs établirent sous le règne de Charles le Chauve, par ordre de ce prince, pour arrêter l'invasion des Normands. La cité de Jublains, déjà fort éprouvée durant la grande invasion des barbares du cinquième siècle, fut entièrement ruinée par ces terribles pirates; ses habitants fugitifs vinrent chercher un asile à l'ombre de la nouvelle forteresse et formèrent le noyau d'un nouveau groupe d'habitations. La ville naissante prit le nom du château, appelé en latin *vallum*, ce qui indique une simple enceinte de retranchements en terre et de palissades en bois. Telle est l'origine probable de Laval. Sous le roi Robert apparaît dans les chartes messire Guy ou Guyon, dont le nom compléta celui de la ville, appelée désormais Laval-Guyon (*Vallum Guidonis*) pendant tout le moyen âge. Ce seigneur est désigné comme le fondateur du château, que sans doute il reconstruisit en pierre, et dont il sut se faire un appui assez redoutable pour agrandir impunément ses domaines et s'affranchir d'une trop étroite vassalité. Son fief devint bientôt le plus considérable du Maine, et ses successeurs reconnaissants se transmirent son nom, que presque tous adoptèrent, jusqu'à Guy XXV, mort en 1741.

Mayenne, Château-Gontier, Craon et les autres principales villes du département sont, comme Laval, des créations féodales, préparées par l'anarchie qui suivit les invasions normandes, et que l'histoire nous montre déjà terminées au commencement du onzième siècle.

Toutefois Craon était peut-être, dans l'origine, une bourgade gallo-romaine appelée *Credonium*. Dès le temps des invasions normandes, des retranchements y furent construits par Lambert, comte de Nantes, révolté contre Charles le Chauve. Au onzième siècle, c'était déjà une seigneurie distincte.

Mayenne, du nom de son fondateur Judicaël ou Juhel, qu'on dit parent du redoutable Foulques Nerra, comte d'Anjou, prit

Château-Gontier.

en naissant le nom de Mayenne-la-Juhel, et devint à son tour le siège d'un fief assez considérable.

Le nom de Foulques Nerra se mêle aussi à la tradition des origines de Château-Gontier. Il y avait alors en ce lieu une *basilique* ou église renfermant des reliques vénérées dans toute la contrée. Le nom francisé de cette basilique revit dans le village de Bazouges. A côté de ce pèlerinage, le comte d'Anjou aurait élevé une forteresse dont la garde aurait été confiée à Gontier, l'un de ses capitaines. Quoi qu'il en soit, Gontier se conduisit en maître dans cette nouvelle place et lui laissa son nom; elle n'appartint jamais directement à la maison d'Anjou, mais à des familles diverses dont les plus célèbres sont celles de Bellême et d'Alençon.

Lassay, Villaines-la-Juhel, Ernée, ont eu également une origine féodale; les deux dernières sont dues à l'un des Juhel de Mayenne. Le château autour duquel se forma la ville d'Ambrières ne fut élevé qu'au douzième siècle, par le roi Henri Ier d'Angleterre, qui l'incorpora à son duché de Normandie.

Les ducs de Normandie et les ducs de Bretagne furent les premiers ennemis contre lesquels eurent à lutter toutes ces nouvelles seigneuries, dont ils disputaient la suzeraineté aux comtes du Maine et d'Anjou. En 1063, Guillaume le Bâtard, qui trois ans plus tard allait mériter le surnom plus avouable de Conquérant, usurpa le titre même de comte du Maine; en 1064, il voulut forcer le seigneur de Mayenne à le reconnaître en cette qualité et assiégea son château, alors réputé imprenable; en effet, il n'y entra que par ruse. En 1066, il entraîna le seigneur de Laval, Hamon, à la conquête de l'Angleterre. La même année, le rival acharné de Guillaume, le jeune duc de Bretagne, Conan II, en guerre cette fois avec le comte d'Anjou, s'empara de Château-Gontier et se disposait à attaquer le Maine, lorsqu'il alla mourir à Craon, si à propos pour ses ennemis qu'on accusa ceux-ci de l'avoir empoisonné.

Aux maux de la guerre vinrent se joindre, en 1085, ceux de la famine, qu'accompagnaient assez souvent, au moyen âge, des épidémies. La famine entraînait alors des résultats autrement terribles que de nos jours : comme il n'y avait à cette époque aucun esprit de prévoyance, on dévorait chaque année le produit de la récolte; il suffisait donc d'une récolte médiocre pour amener la disette et les crimes qui l'accompagnaient. De 970 à 1040, dans une période de 70 années, il n'y eut pas moins de 48 famines ou épidémies.

En 1096, Guy IV, seigneur de Laval, prit part à la première croisade. Il ne laissa qu'une fille, dont la descendance s'éteignit en la personne d'Emma, mariée, en 1221, à Mathieu de Montmorency, connétable de France, veuf de Gertrude de Soissons. De ce mariage naquit Guy VII, qui succéda à sa mère dans la seigneurie de Laval. Une descendante de Guy VII, Anne de Laval, seule et unique héritière de la baronnie de Laval, épousa, en 1404, Jean de Montfort, sire de Kergorlay, sous la condition que les enfants à naître de ce mariage prendraient le nom de Guy et les armes de Laval. Lui-même adopta le nom de Guy XIII, et son fils Guy XIV fut, dès 1429, par ordonnance du roi Charles VII, le premier sire de Laval investi du titre de comte. Ses domaines ne restèrent qu'un peu plus d'un siècle entre les mains de sa postérité, qui s'éteignit en 1547, et qui fut successivement remplacée par les familles de Nesle, de Coligny et de la Trémouille.

Le Maine et l'Anjou faisaient partie, au douzième siècle, des possessions des Plantagenets, qui montèrent en 1154, dans la personne de Henri II, sur le trône d'Angleterre. Cette circonstance prépara la réunion de ces provinces à la couronne de France. Car le roi Philippe Auguste, voulant punir le second successeur d'Henri II, Jean Sans-Terre, qui avait assassiné Arthur, duc de Bretagne, s'empara de l'Anjou et du Maine, en 1204; ce dernier fief ne fut laissé qu'en usufruit à Bérengère, veuve de Richard Cœur-de-Lion.

Le Maine fut tranquille pendant plus d'un siècle; mais, pendant la funeste guerre de Cent-Ans, il servit plus d'une fois de théâtre à de sanglants engagements entre les troupes françaises et anglaises. La vaillante épée du connétable Du Guesclin tint pendant quelque temps les Anglais à l'écart; mais, après sa mort et celle de son maître Charles V, pendant le règne désastreux de Charles VI et la première partie du règne de Charles VII, les Anglais s'établirent dans cette belle province, qu'ils n'avaient cessé de regretter et qu'ils comptaient bien ne plus perdre. Malgré la défaite que leur fit essuyer, en 1423, Jean de Harcourt, comte d'Aumale, près de Loiron, à la Gravelle, ils réussirent à assiéger Mayenne et Laval. Mayenne céda, en 1424, après avoir soutenu héroïquement quatre assauts dirigés par le comte de Salisbury. A Laval, l'énergique veuve de Guy XIII, Anne, qui avait eu le soin d'appeler autour d'elle tous ses vassaux, se trouva en état de tenir plus longtemps; mais Talbot finit néanmoins par emporter la place en 1428.

L'année 1429 marqua le réveil patriotique de la France. L'âme des revendications nationales dans le Maine fut un brave gentilhomme, Ambroise de Loré, que Charles VII récompensa plus tard en le nommant prévôt de Paris. En septembre 1429, Laval est repris aux Anglais par des seigneurs du pays, sous la conduite du meunier Jean Fouquet. Loré les chassa de la plupart des autres villes. Mayenne seule résista jusqu'en 1447.

A partir de cette année, le Maine occidental ne vit plus d'armées étrangères.

Un siècle plus tard, la guerre nationale avait fait place à la guerre civile. Les luttes de la Réforme et de la Ligue ensanglantèrent le Maine; toutes ses places furent prises et reprises par les deux partis. En deux ans seulement, de 1590 à 1592, Mayenne changea cinq fois de maître. A l'avènement d'Henri IV, le duc de Mercœur, qui s'était fait déclarer par une assemblée du clergé le protecteur du catholicisme, voulut faire revivre à son profit l'ancienne indépendance de la Bretagne, et augmenter cette province de quelques parties du Maine et de l'Anjou. Dans ce but, en 1592, il attaqua les royalistes près de Craon et remporta sur eux un avantage signalé, qui lui valut la possession de la ville. Ce fut son dernier succès. Dès 1594, les troupes d'Henri IV reprenaient ses châteaux, le roi d'Espagne Philippe II abandonnait peu à peu sa cause, et il dut faire, en 1598, sa soumission à Angers, où fut signé un traité qui stipula la démolition d'un grand nombre de places fortes. Craon fut de ce nombre ; ses remparts furent démantelés en 1604. Un quart de siècle plus tard, Richelieu termina l'œuvre pacificatrice d'Henri IV, en ordonnant la destruction d'un grand nombre d'autres forteresses féodales, comme celles de Mayenne, de Château-Gontier, d'Ambrières et de Sainte-Suzanne.

Les guerres civiles du seizième siècle ne furent pas les dernières pour le pays de Mayenne. Trois ans après la formation du département, le prince de Talmont, dernier successeur des Guy, engagea les Vendéens, qui venaient de passer la Loire, à se porter sur Laval, dont il voulait, disait-il, faire le foyer d'une seconde Vendée. Il commandait en personne la cavalerie. L'armée vendéenne, sous les ordres de La Rochejaquelein, forte de 30,000 hommes de pied, de 1,200 chevaux et de 54 pièces d'artillerie, s'empara de la ville, le 23 octobre 1793, malgré la résistance de quelques gardes nationaux et de quelques troupes républicaines réunies à la hâte. Elle y séjourna dix jours. Pendant qu'elle s'y reformait et s'y reposait de ses fatigues, Westermann vint l'attaquer. Les Vendéens coururent à sa rencontre jusqu'aux landes de la Croix-Bataille, le chargèrent avec furie et le mirent en pleine déroute. Les royalistes marchèrent ensuite sur Mayenne et remportèrent, sous les murs de cette ville, un nouvel avantage. La Rochejaquelein occupa une seconde fois Laval au mois de décembre de la même année, au retour du siège infructueux de Granville, et y revint encore lorsque les républicains eurent chassé les Vendéens du Mans; mais il en sortit bientôt, suivi du petit nombre des siens échappés au carnage. Le prince de Talmont, arrêté par des gardes nationaux, fut traduit devant une commission militaire à Vitré et exécuté à Laval, devant la porte du château, à l'âge de 28 ans.

Le département de la Mayenne était pourtant devenu, comme le voulait le prince de Talmont, le foyer d'une seconde Vendée, Les vrais, les grands Vendéens y furent précédés d'abord, aidés ensuite et puis remplacés par les terribles aventuriers que l'on appela les *Chouans*, d'un surnom qui avait été donné à leurs chefs, à cause de leur cri de ralliement, imitant celui de la chouette. Ces chefs étaient les quatre frères Cottereau, hardis faux-sauniers qui habitaient la closerie des Poiriers, hameau de Saint-Ouen-des-Toits, non loin des importantes forges de Port-Brillet, qui alors existaient déjà. Le bois de Misedon, entre Saint-Ouen et les forges de Port-Brillet, les avait souvent abrités dans leurs courses de contrebandiers; il leur servit ensuite de refuge pendant la Terreur. Dans le plus fourré du bois, chacun d'eux se creusa une demeure qu'il recouvrit de feuillée et de broussailles. L'œil n'en pouvait deviner l'entrée; d'ailleurs, la crainte arrêtait les recherches, devenues souvent fatales à ceux qui voulurent s'aventurer à en faire. Bien des mois se passèrent pendant lesquels les Chouans ne purent sortir que de nuit de ces espèces de repaires. Les paysannes des environs leur venaient en aide et les nourrissaient; aucune n'aurait songé à les trahir; mais les forgerons de Port-Brillet, étant venus les inquiéter dans leur retraite, furent rudement repoussés à coups de *ferte* (long bâton servant à franchir les haies et les fossés).

Le nombre des insurgés devint bientôt considérable; aux fertes succédèrent des fusils enlevés aux républicains disséminés dans les cantonnements voisins. Au bruit du canon de l'armée vendéenne, qui marchait sur Laval, Jean Cottereau dit Jean Chouan, rassemblant tous ses partisans, vint faire sa jonction avec le prince de Talmont et contribua puissamment à la victoire remportée à la Croix-Bataille.

Jean Chouan accompagna avec sa troupe les Vendéens à Granville et rentra au Mans avec les restes de cette armée. Après la déroute des Vendéens, il se retira encore dans le bois de Misedon, où, à la suite d'expéditions plus ou moins heureuses, il fut tué dans une rencontre avec les forgerons de Port-Brillet, le 28 juillet 1794. Des trois frères de Jean Cottereau, l'aîné, Pierre, périt sur l'échafaud, à Laval; François mourut de ses blessures dans le bois de Misedon; René, aussi couvert de blessures, survécut seul à la guerre civile et revint, à la pacification, cultiver la closerie des Poiriers.

Depuis lors, il ne s'est passé dans la Mayenne aucun évènement digne de mémoire. En 1855, ce département fut séparé du diocèse du Mans et forma une division ecclésiastique distincte, avec Laval pour évêché.

VII. — Personnages célèbres.

Quinzième siècle. — AMBROISE DE LORÉ, défenseur du Maine contre les Anglais, né en 1396, selon les uns au château de Loré (Orne), selon les autres à Oisseau près de Mayenne, mort après 1446 à Paris, dont il était prévôt.

Seizième siècle. — GUILLAUME BIGOT, poëte latin, né à Laval en 1502, mort dans la seconde moitié du seizième siècle. — AMBROISE PARÉ, le père de la chirurgie moderne, né à Laval en 1516 ou 1517, mort à Paris en 1590. Fils d'un artisan, il fut d'abord lui-même barbier et fut admis à l'hôtel-Dieu de Paris comme aide-chirurgien. Il se fit connaître dans diverses campagnes par les soins qu'il donna aux soldats blessés, soins plus intelligents que ceux qui avaient été pratiqués jusqu'à ce jour. Henri II, François II et Charles IX l'attachèrent à leurs personnes; il n'en suivit pas moins les armées, où il opéra des cures inespérées. Fait prisonnier par les Espagnols, il dut la liberté à la guérison d'un colonel ennemi, et telle était l'admiration qu'avaient inspirée partout ses talents et ses vertus, que le jour de la Saint-Barthélemy, il fut, bien qu'étant huguenot, sauvé par le roi lui-même, dont quelques mois plus tard il adoucit la terrible agonie. Paré fut également un bon écrivain; il a laissé de nombreux ouvrages sur son art. Laval lui a érigé une statue, de la main de David d'Angers, au pied de laquelle est la devise de ce grand homme : « Je le pansay, et Dieu le guarit. »

Dix-septième siècle. — DANIEL TAUVRY, anatomiste, né à Laval en 1669, mort en 1701.

Dix-huitième et dix-neuvième siècles. — VOLNEY, voyageur

et l'un des plus grands écrivains de son temps, membre (1795) de l'Académie française, né à Craon en 1757, mort à Paris en 1820. Les meilleurs de ses ouvrages sont : le *Voyage en Égypte et en Syrie*, publié en 1787 ; et *Les Ruines ou Méditations sur les révolutions des empires;* ce dernier, le plus célèbre, eut un immense succès. — Le général LAHORIE, né à Javron en 1766, impliqué dans la conspiration de Malet et fusillé à Paris, en 1812. — L'abbé BERNIER, célèbre chef vendéen, né à Daon en 1764, mort à Paris en 1806. Il joua un grand rôle dans les guerres de la Vendée, contribua plus tard à la pacification, et reçut en récompense (1802) l'évêché d'Orléans. — Le cardinal DE CHEVERUS, né en 1768 à Mayenne, dont il était curé quand éclata la Révolution. Il émigra en Amérique, s'y livra à un fructueux apostolat, fonda le diocèse de Boston, dont il fut le premier évêque, fut rappelé en France pour occuper en 1823 le siège épiscopal de Montauban, et, en 1826, le siège métropolitain de Bordeaux. Il fut promu au cardinalat en 1836 et mourut la même année. Il se signala partout, en Amérique comme en France, par ses aimables vertus, qui rappelèrent Fénelon, et surtout par son immense charité, qui rappela saint Vincent de Paul. Ses concitoyens lui ont élevé une statue, l'un des chefs-d'œuvre du sculpteur David d'Angers.

VIII. — Population, langue, culte, instruction publique.

La *population* de la Mayenne s'élève, d'après le recensement de 1876, à 351,933 habitants, dont 173,904 du sexe masculin et 178,029 du sexe féminin. A ce point de vue, c'est le 46e département de la France. Le chiffre des habitants divisé par celui des hectares donne 68 habitants par 100 hectares ou par kilomètre carré : c'est ce qu'on appelle la *population spécifique;* sous ce rapport, c'est le 34e département. La France entière ayant 69 à 70 habitants par kilomètre carré, il en résulte que la population spécifique de la Mayenne est de peu inférieure à celle de l'ensemble de notre pays.

Depuis 1800, date du premier recensement officiel effectué depuis la Révolution, la population de la Mayenne a augmenté de 46,377 habitants.

Le nombre des *naissances* a été, en 1875, de 8,866; celui des *décès* (non compris 468 mort-nés), de 8,414; celui des *mariages*, de 2,864.

La *vie moyenne* est de 38 ans.

Les habitants du département n'ont pas de patois qui rappelle une ancienne nationalité; ils parlent tous le *français*. Dans les campagnes, on remarque un accent local assez prononcé qui de jour en jour tend à disparaître.

Presque tous les habitants de la Mayenne sont catholiques. Le département ne renferme aucun édifice affecté aux cultes dissidents (protestants et israélites).

Pendant l'année scolaire 1881, le *lycée* de Laval a compté 486 élèves (358 internes et 128 externes); les *collèges communaux* d'Ernée et d'Évron, 282; les *institutions libres* de Mayenne, Château-Gontier et Laval, 287.

L'*école normale d'instituteurs* est établie à Laval. En 1876-1877, les 564 *écoles primaires* du département ont été fréquentées par 45,066 enfants ou jeunes gens, et les 32 *salles d'asile* par 4,054 enfants.

Sur 28 accusés de crime, en 1876, on a compté:

Ne sachant ni lire ni écrire	10
Sachant lire et écrire	17
Ayant reçu une instruction supérieure	1

Sur les 2,938 jeunes gens de la classe 1875, on a compté:

Ne sachant ni lire ni écrire	681
Sachant lire seulement	209
Sachant lire, écrire et compter	2,005
Bacheliers	10
Dont on n'a pu vérifier l'instruction	33

IX. — Divisions administratives.

Le département de la Mayenne forme le diocèse de Laval (suffragant de Tours). — Il ressortit : aux 1re et 2e subdivisions de la 4e région militaire (Le Mans); — à la cour d'appel d'Angers; — à l'Académie de Rennes; — à la 5e légion de gendarmerie (Le Mans); — à la 13e inspection des ponts et chaussées; — à la 15e conservation des forêts (Alençon); — à l'arrondissement minéralogique de Rennes (division du Nord-Ouest). — Il comprend 3 arrondissements (Château-Gontier, Laval, Mayenne), 27 cantons, 276 communes.

Chef-lieu du département : LAVAL.

Chefs-lieux d'arrondissement : CHATEAU-GONTIER, LAVAL, MAYENNE.

Arrondissement de Château-Gontier (6 cant. ; 73 com.; 74,533 h.; 126,795 hect.).

Canton de Bierné (10 com. ; 8,387 h.; 17,337 hect.). — Argenton — Bierné — Chatelain — Coudray — Daon — Gennes — Longuefuye — Saint-Denis-d'Anjou — Saint-Laurent-des-Mortiers — Saint-Michel-de-Feins.

Canton de Château-Gontier (15 com.; 20,064 h.; 27,766 hect.). — Ampoigné — Azé — Bazouges — Château-Gontier — Chemazé — Fromentières — Houssay — Laigné — Loigné — Marigné-Peuton — Ménil — Origné — Saint-Fort — Saint-Gault — Saint-Sulpice.

Canton de Cossé-le-Vivien (11 com. ; 10,989 h.; 19,800 hect.).—Chapelle-Craonnaise (La) — Cosmes — Cossé-le-Vivien — Cuillé — Gastines — Laubrières — Méral — Peuton — Quelaines — Saint-Poix — Simplé.

Canton de Craon (13 com.; 13,329 h.; 21,356 hect.).—Athée — Boissière (La) — Bouchamps — Chérancé — Craon — Denazé — Livré — Mée — Niafles — Pommerieux — Saint-Martin-du-Limet — Saint-Quentin — Selle-Craonnaise (La).

Canton de Grez-en-Bouère (12 com.; 10,400 h.; 21,259 hect.). — Ballée — Beaumont-Pied-de-Bœuf — Bouère — Bouessay — Buret (Le) — Grez-en-Bouère — Préaux — Ruillé-Froid-Fonds — Saint-Brice — Saint-Charles — Saint-Loup-du-Dorat — Villiers-Charlemagne.

Canton de Saint-Aignan-sur-Roë (12 com.; 11,364 h.; 19,478 hect.). — Ballots — Brains-sur-les-Marches — Congrier — Fontaine-Couverte — Renazé — Roë (La) — Rouaudière (La) — Saint-Aignan-sur-Roë — Saint-Erblon — Saint-Michel-la-Roë — Saint-Saturnin — Senonnes.

Arrondissement de Laval (9 cant.; 91 com.; 123,897 h.; 181,063 hect.).

Canton d'Argentré (9 com.; 8,465 h.; 16,350 hect.). — Argentré — Bonchamp — Châlons — Chapelle-Anthenaise (La) — Forcé — Louverné — Louvigné — Montflours — Parné.

Canton de Chailland (9 com.; 16,831 h.; 28,418 hect.). — Andouillé — Baconnière (La) — Bigottière (La) — Chailland — Croixille (La) — Juvigné — Saint-Germain-le-Guillaume — Saint-Hilaire-des-Landes — Saint-Pierre-des-Landes.

Canton d'Évron (11 com.; 14,952 h.; 22,986 hect.). — Assé-le-Béranger — Châtres — Évron — Livet — Mézangers — Neau — Saint-Christophe-du-Luat — Sainte-Gemmes-le-Robert — Saint-Georges-sur-Erve — Vimarcé — Voutré.

Canton de Laval Est (7 com.; 17,214 h.; 15,398 hect.). — Astillé — Courbeveille — Entrammes — Huisserie (L') — Laval (Est) — Montigné — Nuillé-sur-Vicoin.

Canton de Laval Ouest (6 com.; 23,653 h.; 12.885 hect.). — Ahuillé — Changé — Laval (Ouest) — Saint-Berthevin — Saint-Germain-le-Fouilloux — Saint-Jean-sur-Mayenne.

Canton de Loiron (16 com.; 14.849 h.; 25.213 hect.). — Beaulieu — Bourgneuf (Le) — Bourgon — Brulatte (La) — Genest (Le) — Gravelle (La) — Launay-Villiers — Loiron — Montjean — Olivet — Port-Brillet — Ruillé-le-Gravelais — Saint-Cyr-le-Gravelais — Saint-Isle — Saint-Ouen-des-Toits — Saint-Pierre-la-Cour.

Canton de Meslay (14 com.; 11,371 h.; 24,914 hect.). — Arquenay — Bannes — Bazouge-de-Chéméré (La) — Bazougers — Bignon (Le) — Chéméré-le-Roi — Cossé-en-Champagne — Cropte (La) — Épineux-le-Séguin — Maisoncelles — Meslay — Saint-Denis-du-Maine — Saint-Georges-le-Fléchard — Saulges.

Canton de Montsûrs (10 com.; 7.244 h.; 13.495 hect.). — Brée — Chapelle-Rainsouin (La) — Deux-Évailles — Gesnes — Montourtier — Montsûrs — Nuillé-sur-Ouette — Saint-Céneré — Saint-Ouen-des-Vallons — Soulgé-le-Bruant.

Canton de Sainte-Suzanne (10 com.; 9,318 h.; 21,043 hect.). — Blandouet — Chammes — Saint-Jean-sur-Erve — Saint-Léger — Saint-Pierre-sur-Erve — Sainte-Suzanne — Thorigné — Torcé — Vaiges — Viviers.

Arrondissement de Mayenne (12 cant.; 112 com.; 153,503 h.; 209.203 hect.).

Canton d'Ambrières (8 com.; 10.373 h.; 11,830 hect.). — Ambrières — Chantrigné — Cigné — Couesmes — Pas (Le) — Saint-Loup-du-Gast — Soucé — Vaucé.

Canton de Bais (9 com.; 14,921 h.; 22,090 hect.). — Bais — Champgeneteux — Hambers — Izé — Jublains — Saint-Martin-de-Connée — Saint-Pierre-sur-Orthe — Saint-Thomas-de-Courceriers — Trans.

Canton de Couptrain (11 com.; 12.128 h.; 16.602 hect.). — Chapelles (Les) — Chevaigné — Couptrain — Javron — Lignières-la-Doucelle — Madré — Neuilly-le-Vendin — Orgères — Pallu (La) — Saint-Aignan — Saint-Calais-du-Désert.

Canton d'Ernée (6 com.; 14,605 h.; 19.287 hect.). — Ernée — Larchamp — Montenay — Pellerine (La) — Saint-Denis-de-Gastines — Vautortes.

Canton de Gorron (11 com.; 14,112 h.; 18,093 hect.). — Brecé — Carelles — Châtillon-sur-Colmont — Colombiers — Gorron — Hercé — Lesbois — Levaré — Saint-Aubin-Fosse-Louvain — Saint-Mars-sur-Colmont — Vieuvy.

Canton du Horps (10 com. ; 9,847 h. ; 15,472 hect.). — Champéon — Chapelle-au-Riboul (La) — Charchigné — Courberie — Ham (Le) — Hardanges — Horps (Le) — Montreuil — Poulay — Ribay (Le).

Canton de Landivy (9 com. ; 12,507 h. ; 19,110 hect.). — Désertines — Dorée (La) — Fougerolles — Landivy — Montaudin — Pontmain — Saint-Berthevin-la Tannière — Saint-Ellier — Saint-Mars-sur-la-Futaie.

Canton de Lassay (10 com.; 8,513 h.; 10,631 hect.). — Baroche-Gondouin (La) — Brétignolles — Housseau (Le) — Lassay — Melleray — Niort — Rennes-en-Grenouille — Saint-Julien-du-Terroux — Sainte-Marie-du-Bois — Thubœuf.

Canton de Mayenne Est (12 com.; 16,039 h. ; 21,708 hect.). — Aron — Bazoche-Montpinçon (La) — Bazouge-des-Alleux — Belgeard — Commer — Grazay — Marcillé-la-Ville — Martigné — Mayenne (Est) — Moulay — Sacé — Saint-Fraimbault-de-Prières.

Canton de Mayenne Ouest (10 com. ; 16,408 h. ; 18,038 hect.). — Alexain — Contest — Haie-Traversaine (La) — Mayenne (Ouest) — Oisseau — Parigné — Placé — Saint-Baudelle — Saint-Georges-Buttavent — Saint-Germain-d'Anxure.

Canton de Pré-en-Pail (7 com. ; 10,318 h. ; 14,446 hect.). — Boulay — Champfremont — Poôté (La) — Pré-en-Pail — Ravigny — Saint-Cyr-en-Pail — Saint-Samson.

Canton de Villaines-la-Juhel (10 com. ; 13,530 h. ; 21,252 hect.). — Averton — Courcité — Crennes — Gesvres — Loupfougères — Saint-Aubin-du-Désert — Saint-Germain-de-Coulamer — Saint-Mars-du-Désert — Villaines-la-Juhel — Villepail.

X. — Agriculture.

Sur les 517,063 hectares du département, on compte :

Terres labourables.	345,398 hectares
Vignes.	400
Bois et forêts.	28,286
Prairies naturelles et vergers . . .	850
Pâturages et pacages.	3,500
Terres incultes	19,131

Le reste du territoire se partage entre les étangs, les emplacements de villes, de bourgs, de villages, de fermes, les surfaces occupées par les routes, les chemins de fer, les cimetières, etc.

Au 31 décembre 1875, on comptait dans le département : 92,500 chevaux, 70 mulets et 600 ânes (comme on le voit, les mulets et les ânes sont peu employés dans le département), 98,000 bœufs et taureaux, 150,000 vaches et génisses, 34,000 veaux, 66,000 moutons de race indigène, 14,000 de races perfectionnées,

83,000 porcs, 3,000 chèvres. La race de *porcs* dite craonnaise est fort renommée dans tout l'ouest de la France. Pour la production, du bétail à cornes, la Mayenne est le 6e département de la France; mais le Finistère seul lui est supérieur pour le nombre de têtes de bétail par kilomètre carré : la Mayenne en possède 54 et le Finistère 60. — Les *chevaux* de Craon, où des courses ont lieu chaque année, sont de petite taille et d'un aspect peu élégant, mais ils sont renommés pour leur vigueur. La Mayenne est le département qui compte le plus grand nombre de chevaux par rapport à l'étendue de son territoire : il compte 17 chevaux par kilomètre carré, celui de la Vendée en a le même nombre; les départements du Finistère, de la Manche et des Côtes-du-Nord viennent ensuite. — En 1876, la production de la *laine* a été de 75,000 kilogrammes, d'une valeur totale de 172,000 francs; la production du *suif* a été de 49,000 kilogrammes, d'une valeur totale de 46,550 francs.—Le lait des vaches fournit un *beurre* d'excellente qualité. — Les agriculteurs s'adonnent aussi avec succès à l'éducation de la volaille.

Le *gibier* est très abondant : le chevreuil et le sanglier vivent dans les forêts; le lièvre, le lapin, les perdrix grises et rouges, les cailles, les râles de genêt, les alouettes et les bécasses abondent dans les champs. Parmi les animaux de proie, il faut citer : le loup, le renard, le putois, la fouine, le chat sauvage et le blaireau; on y voit aussi quelques martres. Les cours d'eau nourrissent des brochets, des carpes, des truites et des barbeaux; on pêche l'écrevisse dans les petits ruisseaux.

En 1876, on comptait dans le département 28,540 *ruches* en activité : leur produit a été de 103,360 kilogrammes de *miel* et de 28,540 kilogrammes de *cire*.

Les *vignes* n'occupent qu'une étendue de 400 hectares; leur production a été, en 1876, de 4,800 hectolitres, soit une production moyenne de 12 hectolitres par hectare. Cette récolte étant insuffisante pour les besoins de la population, on supplée au manque de vin par la fabrication du cidre et du poiré (400,000 hectolitres environ par an).

Les *céréales*, cultivées sur une vaste échelle, suffisent largement aux besoins des habitants. Le département, le 10e pour la production du froment, a un rendement de 314 hectolitres par kilomètre carré. En 1878, 113,146 hectares ensemencés en froment ont produit 1,528,334 hectolitres de grain; 8,525 hectares en méteil, 99,545 hectolitres; 6,485 hectares en seigle, 86,056 hectolitres; 45,111 hectares en orge, 556,132 hectolitres; 29,626 hectares en avoine, 660,660 hectolitres; 10,545 hectares en sarrasin, 127,037 hectolitres. — La pomme de terre a donné, dans la même année, un produit de 1,016,241 hectolitres, et la betterave, 426,900. En 1876, on a récolté 4,696 métriques quintaux de chanvre et 7,630 quintaux de *lin*.

La *culture maraîchère* est peu développée. Les *arbres fruitiers* les plus répandus sont le pommier et le poirier, qui servent à la fabrication du cidre et du poiré ; on trouve en outre dans les jardins et les vergers des cerisiers, des abricotiers et des pêchers.

Les *forêts*, qui occupent une étendue de 28,286 hectares, offrent, parmi les essences principales qui les peuplent, le hêtre, le chêne, le bouleau, l'aune et le châtaignier. Les forêts du département sont, à l'est de la rivière de la Mayenne, celles de Monaye, de Pail, de Sillé et de Bellebranche : à l'ouest, les forêts de Mayenne ou de Chailland, de Concise, de Craon et de Valles. Le département possède en outre des bois d'une certaine étendue, tels que les bois de Bourgon (Jublains), d'Hermet (Mézangers), de la Charnie, de Blandouet (canton de Sainte-Suzanne), et, dans le canton de Meslay, celui de Bergault. Ces bois et forêts couvrent la vingtième partie du département et produisent près d'un million de francs, soit environ 34 francs par hectare.

XI. — Industrie ; mines.

La Mayenne, qui paye 15,330,922 francs d'impôts, occupe, sous ce rapport, le 43e rang au budget des recettes parmi les départements, et le 45e, avec 6,138,646 fr., pour le montant des sommes déposées à la caisse d'épargne. Ces chiffres, qui mettent la Mayenne, au point de vue de la richesse, à peu près au même rang que le Doubs, le Var et Indre-et-Loire, donnent une assez haute idée de sa prospérité agricole et industrielle et de la situation généralement aisée dans laquelle vivent ses habitants.

Quoique les métaux y soient rares, la Mayenne est, au point de vue des richesses minéralogiques, un département assez favorisé. Il n'y a pas de mines de cuivre, d'argent, de plomb, mais on trouve des mines de *fer* à Orthe, à Port-Brillet, Aron et Montcor. Il y a un gisement de *manganèse* à Grazay (étendue de la concession, 730 hectares).

Les *combustibles minéraux* abondent. Il y a des gisements d'*anthracite* à la Bazouge-de-Chéméré, Saint-Georges-le-Fléchard, Vaiges, Bazougers, Soulgé, la Baconnière, au Bourgneuf, à Épineux-le-Seguin, Bannes, Cossé-en-Champagne, au Genest, à Changé, Saint-Berthevinsur-Vicoin, l'Huisserie, Chéméré-le-Roi, Saulges, Montigné, communes de l'arrondissement de Laval ; à Ballée et à Saint-Brice, dans l'arrondissement de Château-Gontier. Les concessions d'anthracite, au nombre de neuf, ont une étendue de 12,162 hectares. La *houille* n'existe qu'à Saint-Pierre-la-Cour, où l'on fabrique du coke : la concession est de 906 hectares. Les mines de combustible minéral ont produit, en 1877, 94,265 tonnes, tandis qu'on n'a retiré en 1878 que 75,778 tonnes, 65,174 en 1879, et 62,[illegible]71 en 1880 : la production va donc en décroissant d'une manière rapide.

Il y a des carrières de *marbre* à Argentré, Bouchamp, Grez-en-Bouère, Saint-Berthevin, Laval et Louverné ; des carrières de *pierres de taille*, à Cossé-en-Champagne, Bouère et Saint-Denis-de-Gastines ; des carrières de *granit* à Andouillé, Montourtier et Montsûrs ; la *pierre à chaux* abonde dans les environs de Laval, d'Évron, de Château-Gontier, de Montsûrs, de Louverné et de plusieurs autres localités.

Il y a des carrières de *pierre à paver* à la Croixille et des *ardoisières* à Renazé, Saint-Germain-de-Coulamer, Javron et Villepail. Mais la roche la plus célèbre du département est le **porphyre** de la chaîne des *Coëvrons*, remarquable par ses marbrures et par l'éclat que lui donne le polissage ; la *pierre réfractaire* se rencontre aussi abondamment dans le même massif.

Les **sources minérales** de la Mayenne sont peu nombreuses et peu fréquentées. Les sources de *Château-Gontier*, de nature ferrugineuse, se prennent en boisson, en bains ou en douches ; elles sont toniques, stimulantes, apéritives, diurétiques, et agissent comme les eaux très riches en fer. — Les eaux de *Chantrigné* laissent déposer du fer hydraté à l'état pulvérulent ; elles contiennent du carbonate de fer, du sulfate et du carbonate de chaux, de magnésie et de soude, et elles agissent comme les eaux ferrugineuses en général. Il y a aussi une source minérale à *Martigné* (14° Réaumur), contenant des carbonates de fer, de chaux, de magnésie et du sulfate de soude ; une à *Grazay*, qui n'a pas encore été analysée, et une autre à *Niort*.

L'industrie métallurgique n'est représentée, dans le département, que par les *forges* et *hauts-fourneaux* de Chammes et de Port-Brillet (la production totale de la fonte, en 1880, n'a été que de 2,957 tonnes, tandis que l'année précédent elle s'était élevée à 4,505 tonnes ; celle du fer, nulle en 1878, n'a été que de trois tonnes en 1872) ; la *fonderie de cuivre* d'Ernée ; les *fonderies de fonte* d'Ernée, de Laval et de Mayenne.

Outre ces usines, on compte dans la Mayenne : 6 *brasseries*, à Laval, à Évron, à Château-Gontier, à Mayenne et à Ambrières ; des *briqueteries* à Évron (terre réfractaire), à Sainte-Gemmes-le-Robert, Chemazé, Cuillé, Aron, Melleray ; des *fabriques de poterie* à Laval, Andouillé et Saint-Hilaire-des-Landes, *de tuyaux de drainage* à Laval, Saint-Brice et Villaines-la-Juhel ; des *tuileries* à Laval, Andouillé, Saint-Jean-sur-Erve, Sainte-Suzanne, Ballée, Fougerolles ; trois *fabriques de bougies* à Laval ; des *fabriques de chandelles* à Laval, Évron, Saint-Aignan-sur-Roë, Mayenne, Fougerolles, Lignières ; une *fabrique de chaises* à Saint-Hilaire-des-Landes ; des *fabriques de chapeaux* à Laval, Évron et Vaiges ; des *fabriques de chaussures* à Laval; des *corderies* à Mayenne, etc. ; une *fabrique de colle* à Laval ; des *filatures de coton et de laine* à Laval, Château-Gontier, Mayenne, Fontaine-Daniel (commune de Saint-Georges-Buttavent), Oisseau, Fougerolles ; une *filature de chanvre* à Aron ; des *fabriques de flanelle* à Château-Gontier et Cossé-le-Vivien ; des *fabriques de serge* à Château-Gontier, *de toiles* à Laval, Évron et Mayenne ; *de coutils* à Laval et Mayenne (l'industrie des toiles, importée de la Flandre au XIVe siècle, par les soins de Béatrix de Gavre, dame de Laval, a été longtemps florissante à Laval ; mais cette importante industrie s'est transformée peu à peu, et elle a été remplacée par la fabrication de l'article appelé *coutils-nouveautés*, qui occupe plus de 10,000 ouvriers dans la ville et les environs) ; des *coutelleries* à Laval ; des *usines à gaz* à Laval et Mayenne ; des *imprimeries* à Laval, Château-Gontier et Mayenne ; des *fabriques d'instruments aratoires* à Torcé, Ballée, Mayenne, Javron ; des ateliers de *construction de machines* à Andouillé, Château-Gontier, Ernée, Évron, Gorron, Lassay, Laval, Mayenne, Villaines, etc. ; des *minoteries* à Laval, Sainte-Suzanne, Entrammes, Montigné, etc. ; plus de 60 *moulins à farine*, dans un grand nombre de communes, et spécialement à Andouillé, Chailland, Évron, au Genest, à Gorron, Montsûrs, Landivy, Saint-Jean-sur-Mayenne, Ambrières, etc. ; des *fabriques de passementerie* à Laval, *de produits chimiques*, à Voutré et Neuilly-le-Vendin, *de noir animal* à Saint-Denis-de-Gastines, *de papier* à Entrammes, *de sabots* à Laval, Loiron, Saint-Jean-sur-Mayenne, Château-Gontier, Saint-Aignan-sur-Roë, Ambrières, etc. ; des *scieries de bois* à Laval, Coudray, Saint-Fort ; des *scieries de bois de placage* à Château-Gontier ; une *scierie de marbre* à Laval ; des *tanneries* à Ambrières, Laval, Meslay, Montsûrs, Sainte-Suzanne, Château-Gontier, Coudray, Cossé-le-Vivien, Livré, Saint-Aignan-sur-Roë, Saint-Denis-d'Anjou, Mayenne, Ernée, Gorron, Landivy, Lassay, etc. ; des *teintureries* à Laval, Évron, Loiron, Saint-Aignan-sur-Roë, Ambrières, Mayenne, Fougerolles, Gorron, Javron, Lassay ; une *fabrique de voitures* à Châlons.

Viaduc de Laval.

XII. — Commerce, chemins de fer, routes.

Le département de la Mayenne *exporte* : des céréales, des chevaux, du bétail, des toiles de laine, de fil et de coton, des marbres, des ardoises, des granits, de la chaux, du plâtre et autres produits de son industrie. — Il *importe :* des vins, des eaux-de-vie, des pâtes alimentaires et, en général, tous les objets servant à l'ameublement, à l'habillement et à la toilette, des houilles (environ 969,500 quintaux métriques provenant des bassins du Maine, de celui de Valenciennes et d'Angleterre).

Dans plusieurs villes se tiennent des marchés hebdomadaires et des foires périodiques, dont quelques-unes donnent lieu à des transactions importantes. Nous citerons notamment les foires de Laval, d'Évron, de Mayenne, d'Ernée, de Saint-Denis-de-Gastines, Pré-en-Pail, Craon et Cossé-le-Vivien.

Le département est parcouru par huit voies ferrées, d'un développement total de 325 kilomètres.

1° La ligne *de Paris à Brest*, la plus importante, a, dans le département, 68 kilomètres. Elle dessert les stations de Voutré, Évron, Neau, Montsûrs, la Chapelle-Anthenaise, Louverné, Laval, où elle franchit la Mayenne sur un viaduc en granit long de 180 mètres; du Genest, de Port-Brillet, Saint-Pierre-la-Cour, et entre dans le département d'Ille-et-Vilaine au delà de cette station.

2° La ligne *de Laval à Caen* dessert dans le département les stations de Louverné, la Chapelle-Anthenaise, Martigné, Commer, Mayenne, Saint-Fraimbault-de-Prières, Saint-Loup-du-Gast, Ambrières, et entre ensuite dans le département de l'Orne. Parcours dans le département de la Mayenne, 50 kilomètres.

3° La ligne *de Laval à Château-Gontier* passe par Parné, Arquenay, Meslay, Gennes, Longuefuye et Château-Gontier. Parcours, 40 kilomètres.

4° La ligne *de Sablé à Châteaubriant* entre dans la Mayenne un peu avant la station de Saint-Brice, et y dessert Saint-Brice, Bouère, Grez-en-Bouère, Gennes-Longuefuye, Château-Gontier et Chemazé ; elle entre ensuite dans le département de Maine-et-Loire. Parcours, 40 kilomètres.

5° La ligne *de Chemazé à Craon* se détache de la ligne précédente à Chemazé, et dessert les stations d'Ampoigné, de Pommerieux et de Craon. Parcours, 15 kilomètres.

6° La ligne *d'Alençon à Mayenne* entre dans le département à la Lacelle (Orne), dessert les stations de Pré-en-Pail, Saint-Aignan,

Javron, Villaines-la-Juhel, la Chapelle-au-Riboul, Marcillé et Mayenne, où elle se relie à la ligne de Laval à Caen. Parcours, 52 kilomètres.

7° La ligne *de Mayenne à Fougères* se détache, comme la précédente, à Mayenne, de celle de Laval à Caen et dessert : Saint-Georges-Buttavent, Châtillon, Saint-Denis-de-Gastines, Ernée, Saint-Pierre-des-Landes et passe ensuite dans le département d'Ille-et-Vilaine. Parcours, 46 kilomètres.

8° La ligne *de Pré-en-Pail à Domfront* se détache de celle d'Alençon à Mayenne à 5 kilomètres de Pré-en-Pail, dessert Couptrain et Neuilly-le-Vendin, et passe dans l'Orne. Parcours, 12 kilomètres.

Une neuvième ligne est à l'étude, celle de Laval à Pouancé.

Au total, le département compte 4,194 kilomètres de voies de communication :

8	chemins de fer.	523 kil.
10	routes nationales	483
21	routes départementales.	538
55	chemins vicinaux de grande communication. . .	910
26	chemins vicinaux d'intérêt commun.	355
De	nombreux chemins vicinaux ordinaires	1,385

XIII. — Dictionnaire des communes.

Ahuillé, 1,382 h., c. de Laval (Ouest).

Aignan (Saint-), 1,001 h., c. de Couptrain.

Aignan-sur-Roë (Saint-), 1,008 h., ch.-l. de c. de l'arrond. de Château-Gontier, sur l'Oudon.

Alexain, 957 h., c. de Mayenne (Ouest).

Ambrières, 2,665 h., ch.-l. de c. de l'arrond. de Mayenne, en amont du confluent de la Mayenne et de la Varenne. ⟶ Belle église du XIIᵉ s., dont les transsepts sont flanqués d'absidioles. — Château (mon. hist.) dont la fondation remonte à Henri Iᵉʳ, roi d'Angleterre : donjon carré flanqué de contreforts. — Au S.-O. d'Ambrières, ruines du château de Châteauneuf : donjon carré, flanqué de contre-forts. — A 5 kil. à l'O., magnifiques ruines de l'abbaye de Fontaine-Daniel.

Ampoigné, 791 h., c. de Château-Gontier.

Andouillé, 2,872 h., c. de Chailland.

Argenton, 560 h., c. de Bierné.

Argentré, 1,576 h., ch.-l. de c. de l'arrond. de Laval, sur une colline dominant la Jouanne. ⟶ Clocher à flèche aiguë.

Aron, 1,725 h., c. de Mayenne (Est). ⟶ Donjon du XIVᵉ s. — Près des étangs, la *Chaise au Diable*, bloc de granit.

Arquenay, 799 h., c. de Meslay.

Assé-le-Bérenger, 705 h., c. d'Évron. ⟶ Église romane fort ancienne. — Château du XVᵉ s.

Astillé, 812 h., c. de Laval (Est).

Athée, 926 h., c. de Craon.

Aubin-du-Désert (Saint-), 989 h., c. de Villaines-la-Juhel.

Aubin-Fosse-Louvain (Saint-), 904 h., c. de Gorron.

Avenières, com. de Laval. ⟶ Église (mon. hist.) dont le déambulatoire, les cinq chapelles du chœur, les murs des croisillons et la nef remontent au XIIe s. Le clocher (1534) élevé sur la croisée, surmonté d'une flèche en pierre richement sculptée, a été récemment restauré. A l'intérieur on remarque : une magnifique chaire en pierre, sculptée par M. Cosnard; les statues colossales en bois du Saint-Sauveur et de saint Christophe; un tableau sur bois du XVe s., et enfin une pyramide en marbre noir, érigée en 1816, à la mémoire de 44 prêtres décapités le 21 janvier 1794. — Pont de trois arches sur la Mayenne.

Averton, 1,378 h., c. de Villaines-la-Juhel.

Azé, 1,215 h., c. de Château-Gontier.

Baconnière (La), 2,093 h., c. de Chailland.

Bais, 2,042 h., ch.-l. de c. de l'arrond. de Mayenne, sur l'Aron.

Ballée, 903 h., c. de Grez-en-Bouère.

Ballots, 1,944 h., c. de Saint-Aignan-sur-Roë.

Bannes, 292 h., c. de Meslay.

Baroche-Gondouin (La), 645 h., c. de Lassay.

Baudelle (Sainte-), 807 h., c. de Mayenne (Ouest).

Bazoche-Montpinçon (La), 298 h., c. de Mayenne (Est).

Bazouge-de-Chéméré (La), 1,235 h., c. de Meslay.

Bazouge-des-Alleux, 669 h., c. de Mayenne (Est).

Bazougers, 1,348 h., c. de Meslay. ⟶ Église possédant des débris fort anciens.

Bazouges, 1,679 h., c. de Château-Gontier.

Beaulieu, 741 h., c. de Loiron. ⟶ Église (mon. hist.).

Beaumont-Pied-de-Bœuf, 408 h., c. de Grez-en-Bouère.

Belgeard, 621 h., c. de Mayenne (Est).

Berthevin (Saint-), 1,905 h., c. de Laval (Ouest). ⟶ Rocher élevé, nommé *la Chaise de saint Berthevin.*

Berthevin-la-Tannière (Saint-), 1,007 h., c. de Landivy.

Bierné, 978 h., ch.-l. de c. de l'arrond. de Château-Gontier, sur un affluent de la Mayenne.

Bignon (Le), 525 h., c. de Meslay. ⟶ Fosses et retranchements appelés *les Buttes.*

Bigottière (La), 927 h., c. de Chailland.

Blandouet, 459 h., c. de Sainte-Suzanne.

Boissière (La), 270 h., c. de Craon.

Bonchamp, 1,182 h., c. d'Argentré. ⟶ Château de Poligny. — Église ruinée de la Cassine, curieux édifice à cinq absides, du XIIe s.

Bouchamps, 664 h., c. de Craon.

Bouère, 2,052 h., c. de Grez-en-Bouère

Bouessay, 578 h., c. de Grez-en-Bouère.

Boulay, 428 h., c. de Pré-en-Pail.

Bourgneuf (Le), 2,203 h., c. de Loiron.

Bourgon, 1,401 h., c. de Loiron.

Brains-sur-les-Marches, 603 h., c. de Saint-Aignan-sur-Roë.

Brecé, 2,010 h., c. de Gorron.

Brée, 727 h., c. de Montsûrs. ⟶ Église : trois styles d'architecture. — Ruines d'un château du temps des Croisades.

Brétignolles, 510 h., c. de Lassay.

Brice (Saint-), 815 h., c. de Grez-en-Bouère.

Brulatte (La), 504 h., c. de Loiron.

Buret, 520 h., c. de Grez-en-Bouère.

Calais-du-Désert (Saint-), 1,181 h., c. de Couptrain.

Carelles, 900 h., c. de Gorron.

Cénéré (Saint-), 800 h., c. de Montsûrs.

Chailland, 2,228 h., ch.-l. de c. de l'arrond. de Laval, sur l'Ernée.

Châlons, 701 h., c. d'Argentré.

Chammes, 845 h., c. de Sainte-Suzanne.

Champéon, 1,506 h., c. du Horps.

Champfremont, 762 h., c. de Pré-en-Pail.

Champgeneteux, 1,770 h., c. de Bais.

Changé, 1,824 h., c. de Laval (Ouest.)

Chantrigné, 1,884 h., c. d'Ambrières.

Chapelle-Anthenaise (La), 719 h., c. d'Argentré.

Chapelle-au-Riboul (La), 1,174 h., c. du Horps.

Chapelle-Craonnaise (La), 302 h., c. de Cossé-le-Vivien.

Chapelle-Rainsouin (La), 527 h., c. de Montsûrs.

Chapelles (Les), 738 h., c. de Couptrain.

Charchigné, 912 h., c. du Horps. ⟶ Château moderne de Hauteville.

Église d'Avenières.

Charles (Saint-), 429 h., c. de Grez-en-Bouère.

Château-Gontier, V. de 7,218 h., ch.-l. d'arrond., bâtie en grande partie sur la rive dr. de la Mayenne, que l'on traverse sur un pont de pierre. ⟶

Belles promenades, dites le *Bout-du-Monde*, d'où l'on découvre d'agréables points de vue. — *Église de la Trinité* (XVIIe s.), ancienne chapelle d'Ursulines, restaurée en 1859 ; beaux vitraux. — *Église Saint-Jean* (mon. hist.), du XIe s., cruciforme, terminée par trois absides ; crypte sous le chœur ; clocher central du XIIe s., restauré au XIXe. — Vaste *église Saint-Remi*, construite dans le style du XIIIe s., avec flèche en pierre. — *Hôpital Saint-Julien*, dont la chapelle date du XVIIe s. — *Collège* congréganiste, avec chapelle romane restaurée qui était jadis l'église du prieuré de Notre-Dame de Genneteil.

Châtelain, 537 h., c. de Bierné.

Châtillon-sur-Colmont, 2,546 h., c. de Gorron.

Châtres, 745 h., c. d'Évron. ⟶ Château de Montéclair (XVe et XVIe s.) avec pont-levis.

Chemazé, 1,713 h., c. de Château-Gontier. ⟶ Église romane restaurée. — Château de Saint-Ouen, charmant édifice du XVe s.; bel escalier; magnifiques cheminées.

Chéméré-le-Roi, 1,033 h., c. de Meslay.

Chérancé, 381 h., c. de Craon.

Chevaigné, 945 h., c. de Couptrain.

Christophe-du-Luat (Saint-), 1,112 h., c. d'Évron.

Cigné, 1,444 h., c. d'Ambrières.

Colombiers, 1,126 h., c. de Gorron.

Commer, 1,453 h., c. de Mayenne (Est).

Congrier, 1,158 h., c. de Saint-Aignan-sur-Roë.

Contest, 1,093 h., c. de Mayenne (Ouest).

Cosmes, 539 h., c. de Cossé-le-Vivien.

Cossé-en-Champagne, 781 h., c. de Meslay.

Cossé-le-Vivien, 3,070 h., ch.-l. de c. de l'arrond. de Château-Gontier, sur un affluent de l'Oudon.

Coudray, 542 h., c. de Bierné.

Couesmes, 1,307 h., c. d'Ambrières.

Couptrain, 447 h., ch.-l. de c. de l'arrond. de Mayenne, sur la Mayenne. ⟶ Dans l'église, charmantes fresques modernes; stalle de 1675.

Courberie, 301 h., c. du Horps.

Courbeveille, 761 h., c. de Laval (Est).

Courcité, 2,020 h., c. de Villaines-la-Juhel.

Crennes, 517 h., c. de Villaines-la-Juhel.

Craon, 4,675 h., ch.-l. de c. de l'arrond. de Château-Gontier, sur l'Oudon. ⟶ Château moderne, magnifique édifice du règne de Louis XVI, agrandi en 1850. — Inscription romaine découverte dans le mur de l'ancienne église de Saint-Clément. — Église moderne de Saint-Nicolas, construite dans le style gothique.

Croixille (La), 1,295 h., c. de Chailland.

Cropte (La), 656 h., c. de Meslay.

Cuillé, 1,590 h., c. de Cossé-le-Vivien.

Cyr-en-Pail (Saint-), 1,229 h., c. de Pré-en-Pail. ⟶ Château de la Bouchardière.

Cyr-le-Gravelais (Saint-), 686 h., c. de Loiron.

Daon, 1,000 h., c. de Bierné.

Denazé, 384 h., c. de Craon.

Denis-d'Anjou (Saint-), 2,435 h., c. de Bierné.

Denis-de-Gastines (Saint-), 3,257 h., c. d'Ernée.

Denis-du-Maine (Saint-), 501 h., c. de Meslay.

Désertines, 1,419 h., c. de Landivy.

Deux-Évailles, 482 h., c. de Montsûrs.

Dorée (La), 934 h., c. de Landivy.

Ellier (Saint-), 1,030 h., c. de Landivy.

Entrammes, 1,553 h., c. de Laval (Est). ⟶ Monastère du Port-du-Salut (Trappistes).

Épineux-le-Séguin, 551 h., c. de Meslay.

Erblon (Saint-), 250 h., c. de Saint-Aignan-sur-Roë.

Ernée, 5,336 h., ch.-l. de c. de l'arrond. de Mayenne, sur la rivière du même nom. ⟶ Antiquités romaines. — A Charnay, église de transition, remaniée au XVe s. — Château moderne de Panard (XVIe s.), style Renaissance.

Évron, 4,724 h., ch.-l. de c. de

l'arrond. de Laval, sur un affluent de la Jouanne. ⟹ Église (mon. hist.) autrefois abbatiale, des XIIe et XIVe s., dominée à l'O. par une lourde tour romane. La façade du S., percée d'une grande fenêtre rayonnante, est la plus ornée. A l'intérieur, les chapiteaux historiés de l'intertransept sont fort remarquables ; on y voit aussi un magnifique autel à la romaine, en marbre bleu, avec bas-relief en marbre blanc; es stalles des anciens religieux, décorées dans le style ionique ; le siège abbatial, surmonté d'une très belle Vierge du XIIIe s.; dans la chapelle de Saint-Crépin (XIIe s.), des peintures anciennes fort intéressantes, dont les plus remarquables sont celles de la voûte du cul-de four, divisées en cinq tableaux dont les têtes des sujets ont malheureusement été restaurées. — Maisons anciennes. — Halles du XVIe s. — Ancienne grange dimière à deux pignons percés d'une grande porte.

Porte de la chapelle Saint-Crépin, à Évron.

Fontaine-Couverte, 883 h., c. de Saint-Aignan-sur-Roë.

Forcé, 315 h., c. d'Argentré.

Fort (Saint-), 499 h., c. de Château-Gontier.

Fougerolles, 2,559 h., c. de Landivy.

Fraimbault-de-Prières (Saint-), 1,137 h., c. de Mayenne (Est).

Fromentières, 1,114 h., c. de Château-Gontier.

Gastines, 411 h., c. de Cossé-le-Vivien.

Gault (Saint-), 504 h., c. de Château-Gontier.

Gemmes-le-Robert (Sainte-), 2,033 h., c. d'Évron.

Genest (Le), 955 h., c. de Loiron.

Gennes, 1,137 h., c. de Bierné.

Georges-Buttavent (Saint-), 2,159 h., c. de Mayenne (Ouest). ⟹ Ancienne abbaye de Fontaine-Daniel, en partie transformée en filature de coton.

Georges-le-Fléchard (Saint-), 504 h., c. de Meslay.

Georges-sur-Erve (Saint-), 1,260 h., c. d'Évron. ⟿ A 2 kil., sur le bord d'un étang traversé par l'Erve, château de Foulletourte, de 1570 à 1690.

Germain-d'Anxure (Saint-), 561 h., c. de Mayenne (Ouest).

Germain-de-Coulamer (Saint-), 1,394 h., c. de Villaines-la-Juhel.

Germain-le-Fouilloux (Saint-), 1,054 h., c. de Laval (Ouest).

Germain-le-Guillaume (Saint-), 1,014 h., c. de Chailland.

Gesnes, 384 h., c. de Montsûrs.

Gesvres, 1,525 h., c. de Villaines-la-Juhel.

Gorron, 2,787 h, ch.-l. de c. de l'arrond. de Mayenne, sur la Colmont.

Gravelle (La), 534 h., c. de Loiron. ⟿ Ruines d'un château brûlé en 1429.

Grazay, 1,180 h., c. de Mayenne (Est).

Grez-en-Bouère, 1,703 h., ch.-l. de c. de l'arrond. de Château-Gontier, sur un affluent de la Sarthe. ⟿ Château de la Guénaudière.

Haie-Traversaine (La), 815 h., c. de Mayenne (Ouest).

Ham (Le), 1,117 h., c. du Horps.

Hambers, 1,673 h., c. de Bais.

Hardanges, 855 h., c. du Horps.

Hercé, 672 h., c. de Gorron.

Hilaire-des-Landes (Saint-), 1,549 h., c. de Chailland.

Horps (Le), 1,584 h., ch.-l. de c. de l'arrond. de Mayenne, sur un coteau dont les eaux vont à l'Aisne et à un autre affluent de la Mayenne.

Houssay, 691 h., c. de Château-Gontier.

Housseau (Le), 429 h., c. de Lassay.

Huisserie (L'), 1,183 h., c. de Laval (Est).

Isle (Saint-), 143 h., c. de Loiron.

Izé, 1,767 h., c. de Bais.

Javron, 2,420 h., c. de Couptrain. ⟿ Église (mon. hist.).

Jean-sur-Erve (Saint-), 414 h., c. de Sainte-Suzanne.

Jean-sur-Mayenne (Saint-), 1,111 h., c. de Laval (Ouest).

Jublains, 1,712 h., c. de Bais. ⟿ Dans toutes les parties du territoire de Jublains, on trouve des débris de l'ancienne cité gallo-romaine de *Noviodunum* : pans de murs, traces de voies romaines, rues bordées de maisons. On a très bien reconnu le théâtre, situé à l'est d'un vaste *castellum* (mon. hist.) très remarquable, qui offre un carré long de 117 mètres 50 cent., sur 104 mètres 25 cent.; une tour ronde défend chacun des quatre angles; cinq autres tours sont disposées sur les faces; ces neuf tours, pleines à l'intérieur, ont de 6 à 7 mètres de diamètre. Sur le monticule de *la Tonnelle*, vestiges d'un temple de la Fortune.

Julien-du-Terroux (Saint-), 691 h., c. de Lassay. ⟿ Château de la Bermondière.

Juvigné, 2,914 h., c. de Chailland. ⟿ Étang.

Laigné, 1,112 h., c. de Château-Gontier.

Landivy, 2,005 h., ch.-l. de c. de l'arrond. de Mayenne.

Larchamp, 2,132 h., c. d'Ernée.

Lassay, 2,467 h., ch.-l. de c. de l'arrond. de Mayenne, sur un petit affluent de la Mayenne. ⟿ Château (mon. hist.) du XIVe s., flanqué de 5 tours cylindriques. — Ruines du château de Bois-Thibaut (XVe s.; tours rondes, pittoresques). — Château de Bois-Frou (XVIe s.); beaux détails de la Renaissance.

Laubrières, 512 h., c. de Cossé-le-Vivien.

Launay-Villiers, 540 h., c. de Loiron.

Laurent-des-Mortiers (Saint-), 533 h., c. de Bierné.

Laval, V. de 27,107 h., ch.-l. du départ. de la Mayenne, d'arrond. et de 2 cant., est bâtie à 74 mèt. d'alt., en partie sur la pente d'un double coteau au pied duquel coule la Mayenne, et en partie dans la vallée qui s'étend sur la gauche de cette rivière. C'est là que se trouve la nouvelle ville, percée de boulevards et d'une belle avenue qui conduit à la gare du chemin de fer. Du Pont-Neuf, on découvre une belle vue sur toute la ville.

Église de la Trinité (mon. hist.), érigée en cathédrale en 1855. La tour centrale, fort basse, date de 1110; la nef (deux travées en ogives naissantes) et le portail méridional, de 1180-1185; le chœur, avec déambulatoire, date de la Renaissance, ainsi que le portail N. Dans le collatéral N., statue tumulaire en marbre de Guillaume Ouvroin, évêque de Rennes en 1347. — *Église Notre-Dame des Cordeliers* (fin du XIVe s. et commencement du XVe): six autels en marbre avec retables du XVIIe s., et voûte en lambris peints (scènes de la vie des saints Bruno et Bonaventure); un splendide autel, du même style, occupe toute la largeur du chœur. — *Église de St-Vénérand*, commencée en 1495, comprenant un vaste chœur à cinq nefs avec abside centrale. — A 2 kil.,

Église d'Évron.

dans l'*église de Price* (commencement du XIe s.; chaînes de briques), 3 belles statues tombales du XIIIe s., sculptures en bois de la Renaissance (la Passion), vieux tableaux sur l'arc triomphal de la voûte, calendrier du XIIIe s. — *Église d'Avenières* (V. ce mot). — *Chapelle des Carmélites*, imitée de la Sainte-Chapelle de Paris. — *Palais épiscopal* achevé en 1859.

Restes du vieux *château* (mon. hist.) de Laval, contigu au palais de justice et prison départementale depuis la Révolution; charmants détails de la Renaissance; dans un angle du préau, vieux donjon cylindrique du XIIe s., remanié au XVIe s., qui a conservé sa charpente et ses hourds primitifs; chapelle souterraine (XIe s.), nouvellement restaurée, divisée en trois nefs, chacune terminée par une abside à fenêtre cintrée, décorée de vitraux du plus bel effet. — *Nouveau château*, contigu à l'ancien et converti en *palais de justice*; il date de la Renaissance. — Belle *maison* du XIVe s. — Débris des anciennes fortifications, dont le plus remarquable est la *porte Beucheresse* (arc ogival flanqué de deux tours). — *Halle* aux toiles, bâtiment de grande dimension élevé par un comte de la Trémoille, au XVIIIe s.; elle a été transformée en *Galeries de l'industrie*, où se tiennent habituellement les expositions industrielles, artistiques et agricoles. — Sur la place de la Mairie, *statue* en bronze *d'Ambroise Paré*, par David d'Angers. — Sur la place de Cheverus, *statue* en bronze du cardinal de ce nom, par David d'Angers.

Pont-Neuf, remarquable par l'élégance de ses arches à cintres surbaissés, commencé en 1812, situé en amont et près de l'ancien, qui date du moyen

Porte Beucheresse, à Laval.

âge. — *Muséum* riche en antiquités gallo-romaines (grande mosaïque provenant de Jublains); il contient : une remarquable série d'ossements de la période quaternaire provenant de Louverné, de Sainte-Suzanne et de Saulges, et une collection d'archéologie préhistorique, comptant plus de 4000 objets, parmi lesquels 100 haches polies et différents types donnés par le roi de Danemark; des séries paléontologiques, géologique et minéralogique et des spécimens de la faune et de la flore du département. Il est installé, ainsi que la *bibliothèque* (25,000 vol.), dans un bâtiment construit depuis 1830 sur l'emplacement de l'église du chapitre de Saint-Tugal, détruite pendant la Révolution. — L'*hôtel de ville*, construit en 1826, renferme une *galerie de tableaux et de sculptures*. — *Préfecture*, établie dans un ancien couvent de Dominicains. — *Théâtre*. — *Lycée* dans un ancien couvent d'Ursu-

Château de Laval.

lines. — *Vieilles maisons* peu curieuses. — Avenue de la Mairie menant au beau *viaduc* du chemin de fer (9 arches, de 12 mèt. d'ouverture, 180 mèt. de long., et 28 mèt. au-dessus de la Mayenne).

Léger (Saint-), 556 h., c. de Sainte-Suzanne.

Lesbois, 668 h., c. de Gorron.

Levaré, 737 h., c. de Gorron.

Lignières-la-Doucelle, 2,093 h., c. de Couptrain.

Livet, 390 h., c. d'Évron.

Livré, 1,301 h., c. de Craon. ⋙→ Église du XIe s.

Loigné, 919 h., c. de Château-Gontier.

Loiron, 1,142 h., ch.-l. de c. de l'arrond. de Laval, sur des collines d'où descendent des affluents de l'Oudon et du Vicoin.

Longuefuye, 431 h., c. de Bierné.

Loup-du-Dorat (Saint-), 432 h., c. de Grez-en-Bouère.

Loup-du-Gast (Saint-), 833 h., c. d'Ambrières.

Loupfougères, 1,089 h., c. de Villaines-la-Juhel.

Louverné, 1,970 h., c. d'Argentré.

Louvigné, 470 h., c. d'Argentré.

Madré, 1,306 h., c. de Couptrain.

Maisoncelles, 525 h., c. de Meslay.

Marcillé-la-Ville, 1,386 h., c. de Mayenne (Est).

Marie-du-Bois (Sainte-), 879 h., c. de Lassay.

Marigné-Peuton, 730 h., c. de Château-Gontier.

Mars-du-Désert (Saint-), 799 h., c. de Villaines-la-Juhel.

Mars-sur-Colmont (Saint-), 1,337 h., c. de Gorron. ⋙→ Ruines du château de Châteauneuf.

Mars-sur-la-Futaie (Saint-), 1,428 h., c. de Landivy.

Martigné, 1,840 h., c. de Mayenne (Est).

Martin-de-Connée (Saint-), 1,970 h., c. de Bais.

Martin-du-Limet (Saint-), 562 h., c. de Craon.

Mayenne, V. de 10,098 h., ch.-l. d'arrond., irrégulièrement bâtie sur le penchant de deux coteaux qui dominent la Mayenne. ⋙→ Le *château* présente sur la Mayenne 5 tours dont une seule a conservé sa toiture conique et 3 autres tours sur la face N. Ses salles voûtées et la chapelle toujours entretenue, ont conservé leur ornementation du XIIIe s.; il sert de prison. — *Église Notre-Dame*, fondée en 1100, et ayant conservé du milieu du XIIe s. les piliers et les arcades de la nef. Le chœur a été somptueusement reconstruit et agrandi dans le plus beau style de transition; voûtes du XVIIe s.; collatéraux du XVIe, porte du XIIIe s. Crypte sous la nef. — *Église Saint-Martin*, romane, récemment agrandie dans le style du XIIe s. — Vaste *place* publique; belle *fontaine; hôtel de ville* (petit musée). — Sur la place supérieure, *statue du cardinal de Cheverus* (1844), par David d'Angers. — Beau *quai*, sur les rives de la Mayenne. — Découverte de 2,000 médailles, d'une borne milliaire et d'autres antiquités gallo-romaines dans le lit de la Mayenne, au gué de Saint-Léonard.

Mée, 445 h., c. de Craon.

Melleray, 471 h., c. de Lassay.

Ménil, 1,226 h., c. de Château-Gontier.

Méral, 1,300 h., c. de Cossé-le-Vivien.

Meslay, 1,883 h., ch.-l. de c. de l'arrond. de Laval, sur une colline dominant un affluent de la Vaige. ⋙→ Ruines d'un château.

Mézangers, 917 h., c. d'Évron. ⋙→ Château du Rocher (commencement du XVIe s.; belle galerie de la Renaissance).

Michel-de-Feins (Saint-), 454 h., c. de Bierné.

Michel-la-Roë (Saint-), 698 h., c. de Saint-Aignan-sur-Roë.

Montaudin, 1,566 h., c. de Landivy.

Montenay, 2,003 h., c. d'Ernée.

Montflours, 502 h., c. d'Argentré.

Montigné, 956 h., c. de Laval (Est).

Montjean, 955 h., c. de Loiron.

Montourtier, 974 h., c. de Montsûrs.

Montreuil, 715 h., c. du Horps.

Montsûrs, 1,791 h., ch.-l. de c. de l'arrond. de Laval, près du confluent de la Jouanne et des Deux-Évailles.

→ Église romane récente. — Sur un mamelon isolé, haut de 130 mèt., 2 tours, reste d'un château où naquit André de Lohéac, [illegible] Jeanne d'Arc.

Moulay, 494 h., c. de Mayenne (Est). → Reste de fortifications.

Neau, 735 h., c. d'Évron.

Neuilly-le-Vendin, 1,098 h., c. de Couptrain.

Niafles, 429 h., c. de Craon.

Niort, 1,329 h., c. de Lassay.

Nuillé-sur-Ouette, 412 h., c. de Montsûrs.

Nuillé-sur-Vicoin, 1,419 h., c. de Laval (Est). → Église (transsept récemment construit ; 3 absides ; tour du XIe s.).

Oisseau, 2,906 h., c. de Mayenne (Ouest).

Ollivet, 487 h., c. de Loiron. → Abbaye de Clermont, fondée en 1230 ; dans l'église, tombeaux classés parmi

Château de Mézangers.

les monuments historiques.—Château. — Étang.

Orgères, 404 h., c. de Couptrain.

Origné, 435 h., c. de Château-Gontier.

Ouen-des-Toits (Saint-), 1,624 h., c. de Loiron. → Beau château de la Renaissance (mon. hist.), dont on attribue la construction à la reine Anne.

Ouen-des-Vallons (Saint-), 371 h., c. de Montsûrs. → Château de la Roche-Pichemer (peintures de la salle à manger), dominant un pittoresque ravin au fond duquel coule la rivière des Deux-Évailles.

Pallu (La), 564 h., c. de Couptrain.

Parigné, 497 h., c. de Mayenne (Ouest).

Parné, 1,030 h., c. d'Argentré. → Église du XIe s. ; tour avec flèche en pierre.

Pas (Le), 1,616 h., c. d'Ambrières.

Pellerine (La), 390 h., c. d'Ernée.

Peuton, 419 h., c. de Cossé-le-Vivien.

Pierre-des-Landes (Saint-), 1,939 h., c. de Chailland.

Pierre-la-Cour (Saint-), 1,444 h., c. de Loiron.

Pierre-sur-Erve (Saint-), 414 h., c. de Sainte-Suzanne.

Pierre-sur-Orthe (Saint-), 2,122 h., c. de Bais.

Placé, 1,084 h., c. de Mayenne (Ouest).

Poix (Saint-), 571 h., c. de Cossé-le-Vivien.

Pommerieux, 960 h., c. de Craon.

Pontmain, 559 h., c. de Landivy.

Poôté (La), 3,100 h., c. de Pré-en-Pail.

Port-Brillet, 778 h., c. de Loiron. ⟿ Restes de l'ancienne abbaye de Clermont ; dans l'église, tombeaux.

Poulay, 666 h., c. du Horps.

Pré-en-Pail, 3,262 h., ch.-l. de c. de l'arrond. de Mayenne, sur la Mayenne naissante, au pied de la forêt de Multonne et de la montagne des Avaloirs. ⟿ Église du XI° s., récemment restaurée. — Château restauré à la fin du règne de Louis XV.

Préaux, 339 h., c. de Grez-en-Bouère.

Quelaines, 1,666 h., c. de Cossé-le-Vivien.

Quentin (Saint-), 916 h., c. de Craon. ⟿ Château de Mortiers-Crolles, l'un des plus intéressants de la Mayenne, bâti, dit-on, sous Louis XII par Pierre de Rohan ; portail avec 2 tours ; tours aux angles ; fenêtres richement ornées ; élégantes chapelles.

Ravigny, 470 h., c. de Pré-en-Pail.

Renazé, 2,253 h., c. de Saint-Saint-Aignan-sur-Roë.

Rennes-en-Grenouille, 434 h., c. de Lassay.

Ribay (Le), 1,017 h., c. du Horps.

Roë (La), 630 h., c. de Saint-Aignan-sur-Roë. ⟿ Ruines d'une ancienne abbaye (mon. hist.).

Ronaudière (La), 706 h., c. de Saint-Aignan-sur-Roë.

Ruillé-Froid-Fonds, 876 h., c. de Grez-en-Bouère.

Ruillé-le-Gravelais, 712 h., c. de Loiron.

Sacé, 687 h., c. de Mayenne (Est).

Samson (Saint-), 1,067 h., c. de Pré-en-Pail.

Saturnin (Saint-), 588 h., c. de Saint-Aignan-sur-Roë.

Saulges, 740 h., c. de Meslay. ⟿ Découverte de débris romains. — Dans une chapelle de l'église, délicieux bas-relief du XV° s., représentant Jésus en croix, entre saint Julien et saint Jean Baptiste ; de chaque côté, longue file de personnages à genoux, les mains jointes, les hommes d'un côté les femmes de l'autre. — Chapelle de Saint-Céneré. — Chapiteau de Saint-Céneré, oratoire qui doit son nom à un dôme en avant-corps supporté par deux pilastres et qui ressemble à un immense chapiteau. — Grottes dans la vallée de l'Erve; la plus intéressante de ces grottes est la *cave à Margot*, dont les concrétions affectent les formes les plus bizarres : elle a 98 mèt. de longueur, de 2 à 3 mètres de largeur et de 1 mètre 40 c. à 2 ou 3 mètres de hauteur. Dans toutes ces grottes on a trouvé de nombreux objets appartenant à l'époque préhistorique : silex taillés, poteries, couteaux, os d'animaux, etc.

Selle-Craonnaise (La), 1,416 h., c. de Craon.

Senonnes, 623 h., c. de Saint-Aignan-sur-Roë.

Simplé, 419 h., c. de Cossé-le-Vivien.

Soucé, 515 h., c. d'Ambrières.

Soulgé-le-Bruant, 776 h., c. de Montsûrs.

Sulpice (Saint-), 418 h., c. de Château-Gontier.

Suzanne (Sainte-), 1,631 h., ch.-l. de c. de l'arrond. de Laval, au sommet d'un mamelon isolé dominant la rive droite de l'Erve. ⟿ Dolmens des Erves (mon. hist.). — Anciennes fortifications dont une partie (env. 10 mèt.) est en pierres vitrifiées. — Vieux château : porte d'entrée défendue par deux tours et par un donjon barlong du XII° s. (murs de 4 mèt. d'épaisseur). — Château du XVII° s. — Tertre Gane, offrant des traces de retranchements anciens.

Thomas-de-Courceriers (Saint-), 936 h., c. de Bais.

Thorigné, 597 h., c. de Sainte-Suzanne. ⋙—→ Dolmens gigantesques. — Ruines d'un château, très imposantes.

Thubœuf, 858 h., c. de Lassay.

Torcé, 1,175 h., c. de Sainte-Suzanne.

Trans, 929 h., c. de Bais.

Vaiges, 1,565 h., c. de Sainte-Suzanne.

Vaucé, 291 h., c. d'Ambrières.

Vautortes, 1,487 h., c. d'Ernée.

Vieuvy, 405 h., c. de Gorron.

Villaines-la-Juhel, 2,915 h., ch.-l. de c. de l'arrond. de Mayenne, sur un affluent du Merdereau.

Villepail, 906 h., c. de Villaines-la-Juhel.

Vieux château de Sainte-Suzanne

Villiers-Charlemagne, 1,345 h., c. de Grez-en-Bouère.

Vimarcé, 979 h., c. d'Évron. ⋙—→ A Courtaliéru, au sommet d'un mamelon en pain de sucre (belle vue), ruines d'une forteresse d'origine inconnue (vieux pan de mur).

Viviers, 976 h., c. de Sainte-Suzanne.

Voutré, 1,352 h., c. d'Évron.

2583. — Imprimerie Lahure, rue de Fleurus, 9, à Paris.

France par ADOLPHE JOANNE

MAYENNE

Les chiffres indiquent la hauteur en mètres au dessus du niveau de la mer

MORTAIN
Isigny
Barenton
DOMFRONT
la Ferté Macé
Carrouges
S.t Hilaire du Harcouet
le Teilleul
Javigné
Passais
Louvigné
Couptrain
Pré en Pail
Gorron
Ambrières
le Horps
Villaines la Juhel
FOUGÈRES
Ernée
MAYENNE
Chailland
Bais
Sillé le Guillaume
Évron
VITRÉ
Montsurs
S.te Suzanne
Argentré
LAVAL
Loué
Brûlon
Meslay
Cossé le Vivien
La Guerche de Bretagne
Craon
CHATEAU-GONTIER
Sablé sur Sarthe
Malicorne
Bierné
S.t Aignan
Pouancé
Chateauneuf sur Sarthe
Segré
Champigné
S.t Julien de Vouvantes
le Lion d'Angers
Briollay
Candé

MANCHE
ORNE
SARTHE
ILLE ET VILAINE
MAINE ET LOIRE

SIGNES CONVENTIONNELS.

CHEF-LIEU DE DÉP.T	Chemin Vicinal.
CHEF-LIEU D'ARROND.T	Chemin de fer exploité.
Chef-lieu de Canton.	— id. — projeté.
Commune.	Canal.
Ville fortifiée	Limite de Département
Route Nationale	— id. — d'Arrondissement
Route Départementale.	— id. — de Canton.

Echelle Métrique (1/410.000)

0 5 10 15 20 Kil.

Gravé chez Erhard, 12, r. Duguay-Trouin

Hachette et C.ie à Paris.

LIBRAIRIE HACHETTE ET Cie
A PARIS, BOULEVARD SAINT-GERMAIN, 79

NOUVELLE COLLECTION DES GÉOGRAPHIES DÉPARTEMENTALES

PAR AD. JOANNE

FORMAT IN-12 CARTONNÉ

Prix de chaque volume .. . . 1 fr.

EN VENTE

Département	Gravures		Cartes	
Ain	11	gravures,	1	carte.
Aisne.	20	—	1	—
Allier	27	—	1	—
Alpes-Maritimes	15	—	1	—
Ardèche . . .	12	—	1	—
Ardennes. . . .	11	—	1	—
Ariége.	8	—	1	—
Aube.	12	—	1	—
Aude.	9	—	1	—
Aveyron	11	—	1	—
Basses-Alpes. .	10	—	1	—
Bouch.-du-Rhône	24	—	1	—
Calvados	11	—	1	—
Cantal	14	—	1	—
Charente. . . .	15	—	1	—
Charente-Infér .	14	—	1	—
Cher.	12	—	1	—
Corrèze	11	—	1	—
Corse.	11	—	1	—
Côte-d'Or . . .	21	—	1	—
Côtes-du-Nord .	10	—	1	—
Deux-Sèvres . .	11	—	1	—
Dordogne. . . .	14	—	1	—
Doubs	13	—	1	—
Drôme	15	—	1	—
Eure.	15	—	1	—
Eure-et-Loir . .	17	—	1	—
Finistère. . . .	16	—	1	—
Gard.	12	—	1	—
Gers	11	—	1	—
Gironde	14	—	1	—
Haute-Garonne .	12	—	1	—
Haute-Loire. . .	10	—	1	—
Haute-Marne . .	12	—	1	—
Haute-Saône . .	11	—	1	—
Haute-Savoie . .	19	—	1	—
Haute-Vienne. .	11	—	1	—
Hautes-Alpes . .	18	—	1	—
Hautes-Pyrénées	14	—	1	—
Ille-et-Vilaine .	14	—	1	—
Indre.	22	—	1	—
Indre-et-Loire .	21	gravures,	1	carte.
Isère.	10	—	1	—
Jura	12	—	1	—
Landes.	11	—	1	—
Loir-et-Cher . .	13	—	1	—
Loire	16	—	1	—
Loire-Inférieure	18	—	1	—
Loiret	22	—	1	—
Lot.	8	—	1	—
Lot-et-Garonne.	12	—	1	—
Maine-et-Loire .	22	—	1	—
Manche.	13	—	1	—
Marne	12	—	1	—
Mayenne	12	—	1	—
Meurthe-et-Moselle . . .	17	—	1	—
Meuse	9	—	1	—
Morbihan. . . .	13	—	1	—
Nièvre.	9	—	1	—
Nord.	17	—	1	—
Oise	10	—	1	—
Orne	13	—	1	—
Pas-de-Calais. .	9	—	1	—
Puy-de-Dôme. .	16	—	1	—
Pyrén.-Orient. .	13	—	1	—
Rhône	19	—	1	—
Saône-et-Loire .	20	—	1	—
Sarthe.	16	—	1	—
Savoie	14	—	1	—
Seine-et-Marne.	13	—	1	—
Seine-et-Oise. .	17	—	1	—
Seine-Inférieure	15	—	1	—
Somme.	12	—	1	—
Tarn.	11	—	1	—
Tarn-et-Garonne	8	—	1	—
Var.	12	—	1	—
Vaucluse. . . .	16	—	1	—
Vendée.	14	—	1	—
Vienne.	15	—	1	—
Vosges.	16	—	1	—
Yonne	17	—	1	—

IMPRIMERIE A. LAHURE, RUE DE FLEURUS, 9, A PARIS.

www.ingramcontent.com/pod-product-compliance
Lightning Source LLC
LaVergne TN
LVHW022155080426
835511LV00008B/1420

* 9 7 8 2 0 1 2 5 4 6 8 4 4 *